euren
A 95
Weilheim
Schongau
Starnberger See
Marktoberdorf
Ammer
Penzberg
Steingaden
Staffelsee
Murnau
Lech
Wies
Deutsche Alpenstraße
Ammer-
1638
Gebirge
sselwang
Kochel-see
Ober-ammergau
Füssen
Forggen-see
Linderhof
Walchen-see
Schwangau
Loisach
Werdenfelser Land
Landesgrenze
Garmisch-Parten-kirchen
Reutte
Mittenwald
Zugspitze
2963
2483
Lermoos
Wettersteingebirge
Landesgrenze
ÖSTERREICH
0
10
20 km

Vorwort

Der Bildband behandelt die Landschaften des Alpenvorlandes zwischen Bodensee und Berchtesgaden. Nach einem Besuch der Landeshauptstadt München wenden wir uns weit nach Südwesten und treten in Lindau am Bodensee unsere Reise entlang der Alpen zum südöstlichsten Winkel Bayerns an. 250 Kilometer beträgt die Luftlinie vom Bodensee nach Berchtesgaden. Durch das Gebiet führt mit der Deutschen Alpenstraße eine der bekanntesten und landschaftlich spektakulärsten Schaustraßen Deutschlands. Wer sie befahren will, sollte, je nach Varianten, mit annähernd der doppelten Wegstrecke rechnen.
Auf einem knappen Drittel der Wegstrecke hält man sich im Allgäu auf, bevor bei Füssen die Grenze zu Oberbayern überschritten wird. Berge, Wälder und Seen charakterisieren die Landschaften, die zu den begehrtesten Urlaubszielen Deutschlands gehören.
Der Bildband präsentiert ein Mosaik landschaftlicher und kultureller Höhepunkte des „Landes vor den Alpen" mit reichlichen Ausflügen ins Gebirge hinein.
Möge der Leser einen umfassenden Eindruck von dieser oft als „Bilderbuchlandschaft" bezeichneten Region gewinnen und Anregungen für eigene Besuche finden!

Berchtesgaden, im Sommer 2003

Werner Mittermeier, Fotos
Albert Hirschbichler, Text

Impressum

Herausgeber und Verlag:
Verlag Anton Plenk
Koch-Sternfeld-Straße 5 · 83471 Berchtesgaden
Telefon: 0 86 52/44 74 · Telefax: 0 86 52/6 62 77
eMail: Plenk-Verlag@t-online.de
http://www.Plenk-Verlag.com

Fotos: Werner Mittermeier
Text: Albert Hirschbichler

Lektorat:
Stefanie Zweckl, Bischofswiesen

Satz und Layout:
GL-Werbestudio, Grassl & Lage, Berchtesgaden

Lithografie:
Scan-Litho Gerhard Huber, Berchtesgaden
GL-Werbestudio, Grassl & Lage, Berchtesgaden

Druck/Gesamtherstellung:
Athesia Bozen

1. Auflage – Sommer 2003

Bibliografische Information der Deutschen Bibliothek: Die Deutsche Bibliothek verzeichnet diese Publikation in der Deutschen Nationalbibliografie; detaillierte bibliografische Daten sind im Internet unter **http://dnb.ddb.de** abrufbar.
ISBN 3-927957-30-5

Werner Mittermeier · Albert Hirschbichler

Traumlandschaften zwischen Bodensee und Berchtesgaden

entlang der Deutschen Alpenstraße

VERLAG PLENK
BERCHTESGADEN

Inhalt

I. Vorwort

II. Einführung

III. Landschaften

Frühling im Allgäu

Sommer im Rosenheimer Land

Herbst in den Berchtesgadener Bergen

Winter im Chiemgau

Berge, Wälder, Seen

Geroldsee bei Mittenwald

Ferienland

Die beliebteste deutsche Ferienlandschaft

Rechte Seite: Wendelstein bei Fischbachau.

Blumen an den Häusern sind typisch für die alpenländische Bauweise.

Millionen besuchen jedes Jahr das Allgäu, das Werdenfelser Land, den Chiemgau, den Rupertiwinkel oder das Berchtesgadener Land. Viele kommen regelmäßig wieder. Die Vielfalt der Landschaften mit ihren Wäldern, Flüssen, Seen und Bergen ist kaum zu überbieten. Im Süden begrenzen die Nördlichen Kalkalpen das „Land vor den Alpen" teilweise mit steilen Felswänden und schroffen Gipfeln. Deutschlands höchster Gipfel, die Zugspitze (2964 m), bildet den südwestlichen Eckpfeiler. In östlicher Richtung schließen sich an das Ammergebirge, das Wettersteinmassiv, die Walchenseeberge mit Herzogstand und Benediktenwand, das bayerische Karwendelgebirge, die Tegernseer und Schlierseer Berge mit Wallberg und Wendelstein, die Chiemgauer Berge und schließlich die Berchtesgadener Alpen mit dem Watzmann (2713 m) im Mittelpunkt. Die Allgäuer Alpen westlich der Zugspitze erreichen mit der Mädelegabel ebenfalls stattliche 2649 Meter.

So vielseitig wie die Landschaften sind die Möglichkeiten der Freizeitgestaltung. Es gibt fast alles für fast jeden Anspruch. Eine starke Anziehungskraft üben die Berge aus. Je nach Kondition und Laune bestehen unzählige Möglichkeiten für Wanderungen und Gipfelbesteigungen bis über 2000 Höhenmeter. Wer es bequem haben will, dem stehen Seilbahnen zur Verfügung, mit deren Zuhilfenahme Jedermann die Welt einmal aus der Vogelperspektive betrachten kann.

Was den Feriencharakter der Landschaft besonders ausmacht sind die vielen Seen, die die Eiszeitgletscher nach ihrem Abschmelzen zurückließen.

Die grünen Hügellandschaften mit ihren Wäldern und den dazwischenliegenden Seen bilden die idealen Rahmenbedingungen für Betätigungen aller Art. Es gehört zu den Vorzügen dieser Landschaft, dass sie dem Besucher gewissermassen alles bietet: Ruhe oder Aktivität, Schauen oder Handeln, Rustikalität oder Komfort.

Man braucht nur auszuwählen: Schwimmen, Radfahren, Angeln, Segeln, Klettern, Kajakfahren, Gleitschirmfliegen, Skifahren, urige Fahrten mit Flößen, Bootsfahrten oder Ballonfahren. Man kann einfach und herzhaft im Dorfgasthaus essen oder teuer und exklusiv im Gourmetrestaurant. Man kann Theater und Konzerte besuchen, Schlösser, Museen und Kirchen besichtigen oder einfach auch bloß nichts tun und faulenzen.
Der Gast findet ein reichhaltiges Bettenangebot in allen Preisklassen, neben Hotels und Pensionen bieten überall private Zimmervermieter und auch viele Bauernhöfe Quartier an.
Oberbayern besitzt nebenbei 18 Heilbäder bzw. heilklimatische Kurorte. Das größte Bettenangebot weist das innere Berchtesgadener Land auf (26 000), gefolgt von Garmisch-Partenkirchen und Bad Reichenhall (beide 10 000).

Blasmusikanten vor einer Almhütte.

Brauchtum

Renaissance der alten Bräuche

Anders als im übrigen Deutschland gehören gerade in Bayern althergebrachte Bräuche heute noch zum Lebensstil. Die Lust am Festefeiern, Musizieren und Tanzen, die Freude an Schmuck und Dekor in Haus, Hof und Stall wie auch am eigenen Körper – so das Tragen einer Tracht – haben eine lange Tradition. Die Wurzeln des Brauchtums liegen in vergangenen Zeiten, in denen bäuerliches Leben gleichbedeutend war mit Abgeschiedenheit und Isolierung. Um sie zu überwinden, schuf man besondere Formen der Geselligkeit; manche Bräuche wurzeln in heidnischen Überlieferungen, die meisten hängen jedoch mit dem Kirchenjahr zusammen.
Bemerkenswert ist die Entwicklung in neuerer Zeit: Während in den meisten Teilen Europas viele der überkommenen Eigenarten, Bräuche und Trachten – aus welchen Gründen auch immer – in Vergessenheit geraten, kann man diesbezüglich im alpenländischen Raum, besonders in Oberbayern, von einer Renaissance sprechen.
Insbesondere in den Sommermonaten finden in vielen Orten Oberbayerns Musik- und Theaterveranstaltungen aus verschiedensten Anlässen statt, über die die Kurverwaltungen bzw. Fremdenverkehrsämter jeweils aktuell informieren. Die Grenzen zwischen echtem Brauchtum und touristischen Veranstaltungen sind fließend. Wer sich an Orten abseits des Touristenrummels umsieht und dort den Menschen näher kommt, hat am ehesten die Chance, unverfälschtes Brauchtum mitzuerleben. Das kann eine Bauernhochzeit sein, eine Prozession oder ein Adventsingen, ein Leonhardizug oder eine Stubenmusi, das Aufstellen eines Maibaumes oder eine feierliche Maiandacht.

Kunst

Bayern ist barock: Zwiebeltürme und Stuck

Der Stilbegriff „Barock“ wurde zum Inbegriff der bayerischen Kunstlandschaft. Nirgendwo sonst finden sich so viele Zwiebeltürme, pastellfarbene Kirchenfassaden, Stuck und Zierat. Barock scheint in Bayern mehr als eine Stilepoche. Passen nicht die prallen runden Formen der Barockbauwerke besonders gut in die Landschaft mit ihren Wäldern, Hügeln und Seen? Könnte eine Stilrichtung das bayerische Lebensgefühl, das mit Volksfrömmigkeit, Freude am Dekorieren und dem festlichen Begehen der religiösen Feiertage einhergeht, besser zum Ausdruck bringen? Mit Kurfürst Ferdinand Maria (1651-79) und seiner kunstsinnigen Frau Henriette Adelaide von Savoyen begann für Bayern das Zeitalter des Barock. Unter dem Einfluss französischer Vorbilder wurden in München die ersten Spatenstiche für Schloss Nymphenburg und für den Bau der Theatinerkirche getätigt. Nicht nur bei Hofe, sondern auch auf dem Land brachte die Barockkunst einen gewaltigen Aufschwung von Baumaßnahmen mit sich. Jedes noch so kleine Dorf übte sich nach Leibeskräften im Prunken und Protzen mit Stuck. Es waren hauptsächlich Italiener, wie z. B. Zucalli, Barelli oder Riva, die den neuen Stil im Bayernland etablierten. Auftraggeber waren meistens die Klöster, die nach dem Dreißigjährigen Krieg (1618-1648) einen enormen wirtschaftlichen Aufschwung zu verzeichnen hatten, allen voran jene im Pfaffenwinkel zwischen Lech und Starnberger See. Allmählich wurden die italienischen Künstler und Handwerker von bayerischen Baumeistern und Stuckatoren abgelöst, die ihre Ausbildung in den Klöstern erhalten hatten. Die berühmteste dieser Schulen wurde Wessobrunn. Die Barockkunst traf nicht nur den Geschmack des Adels und der Kirchenvertreter, sondern war auch beim Volk hochbeliebt. Vielleicht half die Freude am Prunk und Dekorieren das Elend des überstandenen Krieges zu vergessen.

Romanik

Aus der frühromanischen und romanischen Stilepoche (ca. 1000-1250) ist wenig erhalten.
Beispiele sind das Münster St. Zeno in Bad Reichenhall – Bayerns größte romanische Kirche – oder die Basilika Altenstadt bei Schongau. Allzuoft wurde in Bayern mittelalterliche Substanz hinter barocken Fassaden versteckt und die lineare Strenge der romanischen Strukturen in den Innenräumen dem Zeitgeist entsprechend mit Stuck und Putz überdeckt. Ein bekanntes Beispiel dafür ist Steingaden in der Nähe der berühmten Wieskirche: Äußerlich romanisch, wurde ihr Inneres barock überformt. Wie in Steingaden gibt es im bayerischen Voralpenland zahlreiche auf den ersten Eindruck barocke Kirchen, deren Kern jedoch romanischen Ursprungs ist.

Renaissance

Die Baukunst der Renaissance zu Beginn der Neuzeit bleibt in Bayern im Wesentlichen auf München beschränkt, das sich seit Herzog Albrecht IV. (1465-1508) zu einer echten Landeshauptstadt entwickelte. Bis Ende des 15. Jahrhunderts war München immerhin auf über 13000 Einwohner angewachsen und wichtiger Handelsplatz für Salz und andere Güter geworden. Der Neubau der Frauenkirche (1468-88) und die Errichtung des Alten Rathauses (1470-80) fallen in diesen Zeitraum.

Am Rande einer Trachtenveranstaltung.

Trachtenkapelle

Zum Almabtrieb
werden die Kühe geschmückt.

Rokoko

In der Mitte des 18. Jahrhunderts feiert der spätbarocke, von Frankreich inspirierte Stil des Rokoko seinen Höhepunkt. Am berühmtesten wurde die von Dominikus Zimmermann gestaltete Wieskirche mit ihrer perfekten Verschmelzung von Architektur, Malerei und Plastik. Sie zu besuchen gehört zum Pflichtprogramm jedes Bayernbesuchers.

Prachtstraßen und Plätze

Im 19. Jahrhundert rückte München ins Zentrum der Aufmerksamkeit. Es entstanden grandiose Prachtstraßen und überdimensionierte Plätze, gesäumt von imposanten klassizistischen Bauten. Das umliegende Land blieb links liegen, keiner interessierte sich mehr dafür. Der Grund bestand in der Säkularisation von 1803, bei der alles Kircheneigentum in Staatseigentum überführt und anschließend sozusagen als Konkursmasse des zusammengebrochenen Heiligen Römischen Reiches Deutscher Nation von den Großmächten beliebig hin und her geschoben wurde. Die alten Auftraggeber künstlerischen Schaffens waren ihrer Ämter enthoben. Zur Jahrhundertmitte setzte im Voralpenland vor dem Hintergrund eines neuentdeckten Naturverständnisses der Tourismus ein. In der Folge kam der Erbauung von Straßen, Wegen und Bahnen im Vergleich zu anderen kulturellen Leistungen die größere Bedeutung zu.

Die Holzschindeln auf den
Almhütten werden seit jeher
mit Steinen beschwert.

Kurze Geschichte von den Kelten zu den Boiern

Besiedelt war das Gebiet, das wir heute Oberbayern nennen, mit ziemlicher Sicherheit bereits vor 5000 Jahren, in der Jüngeren Steinzeit also. In der frühen Eisenzeit, um 700 v. Chr. bewohnten die Illyrer das Land. Zu der Zeit begannen die Kelten, wahrscheinlich von Westen (Gallien, Spanien) kommend, den Alpenraum zu besiedeln. Zwei Jahrhunderte lang war dieser Stamm eines der bestimmenden Völker Europas. Der Überlieferung nach waren die Kelten ein großer, kräftiger Menschenschlag, für die Römer waren sie, wie alle Nichtrömer, nur Barbaren.

Die Römer in Bayern

Um 15 v. Chr. setzten Drusus und Tiberius nach ihrem Zug über die Alpen der Vorherrschaft der Kelten in Oberbayern ein Ende. Damit wurde das Land für ein halbes Jahrtausend zur römischen Provinz. Was das Land betrifft, so scheint es den Römern nicht besonders gefallen zu haben. Das kann man zumindest jenem ausführlichen Bericht des römischen Historikers Publius Cornelius Tacitus (geboren ca. 55 n. Chr.) entnehmen, der die neu eroberten Gebiete als „landschaftlich ohne Reiz, rauh im Klima, trostlos für den Bebauer sowie den Beschauer" beschreibt. Das Land zeige zwar im Einzelnen einige Unterschiede, doch im Ganzen mache es „mit seinen Wäldern einen schaurigen, mit seinen Sümpfen einen widerwärtigen Eindruck". Auch die damaligen Bewohner des Bayernlandes schienen ihm nicht ganz geheuer gewesen zu sein: „Wild blickende blaue Augen, rötliches Haar und große Gestalten, die allerdings nur zum Angriff taugen. Für Strapazen und Mühen bringen sie nicht dieselbe Ausdauer auf und am wenigsten ertragen sie Durst und Hitze; wohl aber sind sie durch Klima oder Bodenbeschaffenheit gegen Kälte und Hunger abgehärtet... Tag und Nacht durchzuzechen ist für niemanden eine Schande... Als Getränk dient ein Saft aus Gerste oder Weizen, der durch Gärung eine gewisse Ähnlichkeit mit Wein erhält... Wollte man ihnen, ihrer Trunksucht nachgebend, verschaffen so viel sie wollen, so könnte man sie leichter durch ihr Laster als mit Waffen besiegen..."

Den Lebensstil dieser fremdartigen Wesen beschreibt Tacitus: „Gleich nach dem Aufstehen, was aber meist erst spät am Tag geschieht, waschen sie sich, öfters in warmem Wasser, da bei ihnen den größten Teil des Jahres Winter herrscht... So oft sie nicht in den Krieg ziehen, verbringen sie einen Teil der Zeit mit Jagen, einen größeren mit Muße, mit Schlafen und Essen. Untätig ist dann auch der Tapferste und Kriegerischste, und während sie die Sorge für Haus, Hof und Äcker den Frauen, Greisen und Schwächsten überlassen, leben sie in träger Ruhe..."

Sollte es sich dabei um eine erste Beschreibung der sprichwörtlichen bayerischen Gemütlichkeit handeln? Lebten die Ureinwohner vielleicht schon jenes heute noch gültige Lebensgefühl und Selbstbewusstsein der Bayern das sich auf den Punkt bringen lässt mit „mia san mia"? Volkskundler verweisen darauf, dass im bayerischen Wesen und Volkstum durchaus keltische Züge spürbar sind. Das hitzige Temperament, das man den Bayern von heute, wie den Kelten früher, nachsagt, und auch gewisse künstlerische Begabungen.

Welche germanischen Stämme Tacitus genau meinte, geht nicht aus den Aufzeichnungen hervor. Die „Bojer" werden später zwar erwähnt, nähere Einzelheiten aber nicht ausgeführt.

Auch wenn es sich nicht um die Bojer handelt, die Beschreibung zweier anderer dort hausender Stämme, über die Tacitus, wenn auch eingestandenermaßen unverbürgt berichtet, scheint doch etwas übertrieben: dass nämlich „die Hellusier und Oxionen Antlitz und Mienen von Menschen, jedoch Rumpf und Glieder von Tieren haben..."

Die Römer errichteten und befestigten die Provinzen Raetien (der Raum zwischen Bodensee und Inn) und Noricum (das Gebiet zwischen Inn und Wienerwald). Mit den Germanenstämmen, die weiter im Norden wohnten, waren sie immer wieder in kriegerische Auseinandersetzungen verwickelt. Passstraßen über die Alpen, wie sie ausgebaut noch heute benützt werden (Fernpass, Reschenpass, Brenner) verbanden die Provinzen mit dem römischen Kaiserreich. An strategisch wichtigen Punkten wurden Lager zur Sicherung des Nachschubs und der Handelsstraßen errichtet; so entstanden die Vorläufer Schongaus und Füssens, aber auch Mittenwalds.

Woher kamen die Bayern?

Im Zuge der Völkerwanderung zerfiel das Imperium Romanum. Neue fremde Mächte machten sich im heutigen Bayern breit, unter ihnen die Namensgeber, die Bajuwaren. Heute noch nicht geklärt ist die Frage, woher sie kamen. Zur Diskussion stehen zwei Auffassungen: Die erste lange für selbstverständlich gehaltene geht davon aus, dass sie um 500 n. Chr. wahrscheinlich aus Böhmen („Baiuvarii" – Männer aus dem Lande Baia – Böhmen) einwanderten. Da jedoch über eine derartige Landnahme oder Einwanderung keine einzige Quelle berichtet, hat sich in den letzten Jahrzehnten eine neue Auffassung gebildet. Sie geht davon aus, dass sich nach dem Abzug der Römer die in dem Gebiet zurückgebliebenen Bevölkerungsreste keltischer, römischer und germanischer Herkunft vereinigt haben. Den Kern dabei bildeten die Keltoromanen, „Boiovarii" (Boiern) genannt. Wie dem auch sei: Erstmals im Jahr 624 ist in einer Lebensbeschreibung des hl. Columban von den „Boiern", den heutigen Bayern, die Rede.

Die Karolinger

Besser gesichert ist die weitere Entwicklung. Im 8. Jahrhundert kam das Gebiet unter den Einfluss und Schutz des fränkischen Reichs der Karolinger. Das erste Herrscherge-

An der Deutschen Alpenstraße.

Der Königsbach – ein Zufluss des Königssees.

schlecht der Bayern waren die Agilolfinger von Herzog Garibald I. (um 550) bis zu Tassilo III (bis 788).
Zwar fand das Christentum in Oberbayern wahrscheinlich schon zu Zeiten der Römer eine erste Verbreitung, unter den Frankenkönigen jedoch nahm die Christianisierung einen deutlichen Aufschwung. Zur Pflege des Glaubens beließen sie ums Jahr 700 drei Bischöfe im Land: Emmeran, Korbinian und Rupert. Diese gelten als Begründer vieler bedeutender Klöster (Tegernsee, Benediktbeuern, Wessobrunn, Freising, Salzburg u. a.). Um 800 gab es in Altbayern bereits über 50 Klöster, die fast das gesamte urbar gemachte Land besaßen, betreuten und beherrschten. Mit ihren Schulen und Werkstätten legten sie den Grundstock zur bayerischen Kultur und Zivilisation.
Dem Frankenreich der Karolinger folgten turbulente Jahre mit Kriegen und politischen Veränderungen. Kurz vor der Jahrtausendwende erreichte Bayern seine größte Ausdehnung: Von Eger und Main bis zum Gardasee und zur Adria und vom Lech bis zum Plattensee und zum heutigen Zagreb reichten die Landesgrenzen. Eine neue Epoche begann 1070 mit den Welfenherzögen, deren berühmtester Heinrich der Löwe wurde, der Gründer von München.
Anlass für die Gründung der heutigen Landeshauptstadt 1158 war die Macht- und Geldgier des letzten Welfenherzogs, doch davon später.

Die Wittelsbacher

Ein Markstein in der Geschichte Bayerns ist das Jahr 1180, als Kaiser Friedrich Barbarossa dem Wittelsbacher Otto I. das bayerische Herzogtum übertrug. Fast 750 Jahre lang, bis 1918, lenkte das Haus Wittelsbach die Geschicke Bayerns. Mit kluger Politik lenkten sie Bayern durch alle Kriege, Wirrnisse und politischen Verschiebungen. Immerhin fielen in ihre Regierungszeit so schwerwiegende Ereignisse wie der Dreissigjährige Krieg, die Bauernaufstände, die Konfessionskämpfe und die Feldzüge Napoleons. Dazu kamen andauernde lokale Geplänkel und Bruderkriege, Erbstreitigkeiten und Landteilungen. Mit König Ludwig III. starb 1921 der letzte Vertreter einer Dynastie von erstaunlicher Lebenskraft, die vor allem in Oberbayern ihre unübersehbaren Spuren hinterlassen hat.

Freistaat Bayern

Mit dem Ende des Ersten Weltkrieges und der Aufhebung der Monarchie wird Bayern 1919 ein Freistaat, verliert aber 1933 alle Hoheitsrechte an das Dritte Reich. 1936 finden in Garmisch-Partenkirchen die IV. Olympischen Winterspiele statt. Während des Zweiten Weltkrieges hat München schwer unter Bombenangriffen zu leiden. Tausende von Toten sind zu beklagen, beinahe die Hälfte der Bausubstanz ist zerstört. Nach Kriegsende war das von Heimatvertriebenen überlaufene Bayern von amerikanischen Truppen besetzt. Schon im Herbst 1945 wurde durch General Eisenhower der bayerische Staat wiederhergestellt, 1946 trat die neue Verfassung in Kraft. Ab da erfährt Oberbayern einen erstaunlichen Aufstieg. München wird wirtschaftliches Zentrum, das Land zur beliebtesten Ferienlandschaft Deutschlands.

Deutsche Alpenstraße

Deutschlands älteste Ferienstraße

Die sogenannte Deutsche Alpenstraße verbindet Lindau im Bodensee mit Berchtesgaden im äußersten Südosten des Freistaates Bayern. Nicht weniger als 21 malerische Seen, 25 Burgen und Schlösser sowie 64 Kurorte liegen am Weg.
Gern wird die Entstehung des Projekts mit den Nationalsozialisten in Zusammenhang gebracht, was nicht ganz richtig ist: Zwar erhielt das Bauvorhaben während des Dritten Reiches einige starke Impulse, der

Ursprung der Idee und die Anfänge der Verwirklichung aber reichen bis in die Zeit nach dem Ersten Weltkrieg zurück. Zunächst dachte man an den Ausbau einer alpinen Wanderroute zwischen Bodensee und Königssee, die sich jedoch mit dem Aufkommen des Automobilverkehrs bald zu einer Autostraßenplanung umwandelte. Aus Geldmangel verband man fürs Erste bereits vorhandene Straßenzüge, darauf vertrauend, dass daraus irgendwann die Traumstraße durch die deutschen Alpen erwachsen würde. Der Zweite Weltkrieg brachte ganz andere Probleme und das Projekt wurde längere Zeit nicht weiterverfolgt. Auch der wirtschaftliche Boom der Nachkriegsjahre führte nicht vorrangig zu weiterem Ausbau. Danach kam der Umweltschutzgedanke zum Tragen, und so führt die Deutsche Alpenstraße bis heute als Stückwerk am Nordrand der Alpen entlang, zum Teil auf Bundes- und Landstraßen und mit einigen Lücken, die man auf Umwegen überbrücken muss. Nicht alles ist gut ausgebaut und die Straßennummern sind keineswegs einheitlich, was aber niemand weiter stört. Unbehaglich stimmt vielmehr die Vorstellung, die Alpenstraße wäre von Lindau bis Berchtesgaden als durchgehendes Band großzügig ausgebaut, vielleicht mehrspurig, und würde als deutsche Renommierstrecke Autokolonnen aus aller Herren Länder anziehen. Das Fragmentarische der Alpenstraße braucht nicht mehr geändert zu werden. Kaum jemand wird außerdem die 460 Kilometer lange Strecke im Stück befahren wollen. Viel mehr wird einer davon haben, wenn er für Kurzausflüge die schönsten Teilstücke wie Rosinen aus dem Kuchen herauspickt oder zumindest die Strecke in überschaubare Tagesetappen zerlegt. Nicht selten liegen kulturelle Sehenswürdigkeiten am Weg oder es bieten sich Abzweigungen und Nebenstrecken an, die zu befahren sich lohnt, auch wenn einmal eine kleine Mautgebühr fällig werden sollte.

Verlauf

Ganz unauffällig beginnt die Straße in der Ortschaft Rothkreuz bei Lindau, ihr Ende findet sie ebenso unauffällig am Grenzübergang Hangendenstein kurz hinter Marktschellenberg im Berchtesgadener Land. Mit dem Oberjoch (1180 m) im Allgäu und dem Sudelfeld (1097 m) erklimmt sie zwar keine alpinen Rekordhöhen, aber doch ganz ansehnliche Pässe, die schöne Einblicke ins Umland und in die umliegenden Berge bis zu den Dreitausendern der Zentralalpen gewähren. Die schönsten und eindrucksvollsten Abschnitte sind außerdem die Auffahrt durch das „Paradies“ nach Oberstaufen, die Strecken um Hindelang und Oberjoch, die Teilstücke zwischen Garmisch-Partenkirchen und dem Tegernsee (besonders die Variante Wallgau-Vorderriss), sowie die bestens ausgebaute Strecke durch das Naturschutzgebiet Chiemgauer Alpen hinter Reit im Winkl. Ein Drittel der Deutschen Alpenstraße führt durch das bayerische Schwaben. Im Lechtal bei Füssen überschreitet sie die Grenze zu Oberbayern. Östlich von Füssen mit seinem seenreichen Umland verwehren die Ammergauer Alpen, mit 276 km^2 Deutschlands größtes Naturschutzgebiet, die Durchfahrt. Zwei Strecken bieten sich für die Umfahrung an: von Füssen über Steingaden, Eschelsbacher Brücke, Saulgrub, Oberammergau, Linderhof (60 km) oder die südliche Variante durch österreichisches Gebiet über Reutte, Plansee, Ammersattel nach Linderhof (40 km). Landschaftlich interessanter ist die kürzere Süd-Variante, doch verzichtet man bei ihr auf höchst sehenswerte kulturelle Ziele wie Steingaden, die Wieskirche oder Rottenbuch. Am Königsschloss Linderhof beginnt der Ostabschnitt der Alpenstraße. Durch das Graswangtal zieht sie ostwärts bis zur Einmündung in die B 23 drei Kilometer südlich von Oberammergau und vorbei am Kloster Ettal jenseits des Ettaler Sattels kurven- und aussichtsreich hinab ins Loisachtal. Einige Kilometer südlich liegt mit Garmisch-Partenkirchen einer der profiliertesten Fremden-

Kapelle an der Deutschen Alpenstraße mit Reiteralpe (Berchtesgadener Land).

Insel Mainau im Bodensee.

Blaue Glockenblume

verkehrsorte Bayerns, von wo aus Deutschlands höchster Berg, die Zugspitze, bequem mit der Zahnradbahn erreicht werden kann. Weiter geht es nach Osten durch das Kankertal, die nördliche Begrenzung der Wettersteinberge. Bei Klais gelangt man ins trogartig erweiterte Tal der oberen Isar. Für einen (obligatorischen) Abstecher nach Mittenwald, den Ort der Geigenbauer und Lüftlmaler, empfiehlt sich die kleine gewundene Nebenstraße von Klais aus. Auf der hervorragend ausgebauten E 533 gelangt man dann über Krün nach Wallgau. Dort ist die Alpenstraße abermals unterbrochen. Statt des Umweges über Kochel und Bad Tölz setze man die Fahrt auf der schmalen, landschaftlich besonders reizvollen Mautstraße am Rand des kieserfüllten Isarbettes fort. Nach 15 Kilometern gelangt man bei Vorderiß (hier wiederum ist ein Abstecher in den Talboden der Eng mit dem Großen Ahornboden unbedingt empfehlenswert) zum nächsten Teilstück der Alpenstraße. Die Schauszenerie entlang des Sylvenstein-Speichers stellt einen Höhepunkt der gesamten Strecke dar. Über den wenig markanten Achenpass (940 m) kommt man ins wiesenreiche Tal der Weißach und, vorbei an so berühmten Örtlichkeiten wie Wildbad Kreuth und Kreuth, nach Rottach-Egern und zum Tegernsee. Ruhiger als in diesen vom Nobel- und Kurtourismus geprägten Ortschaften geht es dann in Schliersee, Fischbachau und Bay-rischzell zu, wo eine Auffahrt mit der Seilbahn zum Wendelstein (1838 m), dem „Bayerischen Rigi", nicht versäumt werden sollte. Reizvolle Ausblicke bietet die anschließende Sudelfeldstraße, die allerdings beim Tatzelwurm endet.

Zwei Varianten bieten sich an: die nördliche führt über eine Mautstraße nach Brannenburg und auf der A 93 (Inntalautobahn) und A 8 (Autobahn München-Salzburg) nach Bernau am Chiemsee. Die südliche, lohnendere, führt gebührenfrei nach Oberaudorf, kurz über österreichisches Gebiet, bei Sachrang wieder über die Grenze, und durch das Priental über Aschau ebenfalls nach Bernau.

Am Rand der großen Chiemseeniederung geht es weiter auf der Alpenstraße nach Grassau und entlang der Tiroler Ache bis Marquartstein, von wo man über Unterwössen nach einigen ansteigenden Kilometern zum renommierten Ferienort Reit im Winkl gelangt. Das folgende, bestens ausgebaute Teilstück durch das Naturschutzgebiet Chiemgauer Alpen mit seinen naturbelassenen Seen (Weit-, Mitter-, Löden- und Forchensee) und Wäldern gehört zu den reizvollsten des gesamten Straßenprojekts. Ruhpolding und Inzell werden an den Ortsrändern berührt, dann folgt mit der Weißbachschlucht schon ein weiterer Höhepunkt:

Hoch über dem Schluchtgrund, mit Ausblick auf urnatürliche Landschaften, wurde die kurvenreiche Straße aufwändig aus dem Fels gesprengt. Bei Schneizlreuth gelangt man ins Saalachtal, das nur eine kurze Wegstrecke in Richtung Bad Reichenhall verfolgt wird, bis man, wenige Kilometer vor der berühmten Salz- und Kurstadt, in Jettenberg nach rechts abzweigt zur Schwarzbachwacht. Die Steigung zur Passhöhe (870 m) ist die letzte vor dem Berchtesgadener Talkessel.

Oben angekommen behindert zunächst dichter Wald die Aussicht, als ob die Berchtesgadener Berge es besonders spannend machen wollten. Nach wenigen hundert Metern jedoch führt die Straße aus dem Wald heraus, und ganz unvermittelt eröffnet sich dem Blick ein großartiges Hochgebirgspanorama: direkt vor einem liegt der schroffe Hochkalter mit dem nördlichsten Gletscher der Alpen, dem Blaueis, weiter drüben der Watzmann mit seiner massigen Westflanke. Über wiesenreiches, sanft coupiertes Gelände zieht die Straße in Richtung des Ramsauer Tales hinab. In dieser Umgebung nur die kürzeste Strecke bis zum Ende der Deutschen Alpenstraße zu befahren, wäre für diesen Erdenwinkel beinahe eine Beleidigung. Die schönsten Abstecher führen zum nahen Hintersee, zum Königssee, nach Maria Gern am Fuße des Untersberges sowie zur Rossfeld-Höhenringstraße.

Rechte Seite:
Winter am Chiemsee.

Die Landeshauptstadt München

Schloss Nymphenburg

Das Neue Rathaus am Marienplatz mit den Frauentürmen.

III. Die Landschaften

1. München

„Vom Ernst des Lebens halb verschont, ist der schon der in München wohnt“ schrieb der Dichter Eugen Roth. Die Stadt ist Inbegriff der bayerischen Lebensart, für viele ist sie die Traumstadt schlechthin. Wer Oberbayern kennen lernen will, kommt an der „Weltstadt mit Herz“ nicht vorbei. Nach ihrem Wiederaufbau nach dem 2. Weltkrieg nahm die Stadt in der Folgezeit einen rasanten Aufschwung zum gesellschaftlichen und wirtschaftlichen Mittelpunkt. 1972 wurden hier die XX. Olympischen Sommerspiele veranstaltet. Von der Öffentlichkeit eher unbemerkt entwickelte sich der Raum um München zur modernen „High-Tech-Region“, die sich nicht mit Fabrikschloten oder Fördertürmen präsentiert, sondern ganz unauffällig ihre Spitzenstellung einnimmt. Auf den Gebieten Mikroelektronik, Raumfahrt, Kernfusion, Flugzeugbau, Astrophysik, Regel-, Mess- und Steuertechnik wurde sie mit Namen wie Max-Planck-Institut, Messerschmitt-Bölkow-Blohm, Siemens, BMW, MTU, Krauss-Maffei oder VW-Audi, um nur

Rechts: Wittelsbacherbrunnen am Maximiliansplatz.

Großes Bild rechts: Theatinerkirche und Feldherrnhalle am Odeonsplatz.

Tucher
WEIZENBIER

Die Propyläen am Königsplatz, mit dem sich König Ludwig I. einen Jugendtraum erfüllte.

Unten: In der Glyptothek.

einige zu nennen, in aller Welt berühmt für zukunftsorientierte Technologie.
Die Stadt scheint eine magnetische Anziehungskraft auf jene auszuüben, die Erfolg haben wollen. Die größte Universität Deutschlands und das größte Filmstudio befinden sich hier, München ist führend in der Modebranche und als Verlagsstadt.

Städtebaulich begeistert der eng gedrängte Stadtkern der Landeshauptstadt mit ihrem Überschwang an Kirchen und Brunnen ebenso wie ihre poesievoll angelegten Parkanlagen und Gärten. Bemerkenswert sind die zahlreichen Museen, insgesamt sind es mehr als zwanzig.
Das Deutsche Museum auf der Isarinsel ist das größte und bedeutendste technische Museum der Welt. Die Alte Pinakothek hat als einzige der drei großen deutschen Gemäldesammlungen (die anderen beiden befinden sich in Berlin und Dresden) den Krieg unbeschadet überstanden. Das Bayerische Nationalmuseum beinhaltet großartige Zeugnisse der Kunst- und Kulturgeschichte Bayerns. Als Reiseziel wartet München über die Kultur hinaus mit einem beinahe unerschöpflichen Angebot auf. Das Münchner Jahr ist eine fast lückenlose Kette von Festen, Veranstaltungen, Messen, Märkten und Vergnügungen für jeden Lebensstil, Geldbeutel und Geschmack.

Gründung von München

Wie kam es zur Gründung der Stadt? Sie hat etwas mit dem Salz zu tun, das früher rar und kostbar war. Über „Salzstraßen“ wurde das „weiße Gold“ aus dem Berchtesgadener und Reichenhaller Raum zu den weit entfernten Handelsplätzen im Reich transportiert. Zahlreiche größere und kleinere Orte verdankten ihren Aufschwung hauptsächlich ihrer Lage an diesen alten Salzstraßen. So auch der Markt Föhring. Gelegen an der Isarbrücke an der berühmten Salzstraße, auf der das Salz aus den südöstlichen in die westlichen Reichsgebiete transportiert wurde, erzielte Bischof Otto I. von Freising, dem der Markt gehörte, lange Zeit lukrative Zolleinnahmen. Um diese in seine eigenen Kassen zu leiten, ließ einer der rücksichtslosesten

Die Glyptothek am Königsplatz.

Springbrunnen am Stachus, dahinter der Justizpalast.

Nationaltheater und Denkmal von König Max I.

und machtgierigsten Fürsten seiner Zeit, Heinrich der Löwe, ohne Verhandlungen die bischöfliche Isarbrücke zerstören, um die Markt- und Zollrechte sogleich einer südlicher gelegenen, nicht mehr zur Grundherrschaft des Freisinger Bischofs gehörenden Ansiedlung – „zu den Mönchen" genannt – zu übertragen. Das wollte der Bischof natürlich so nicht hinnehmen. Es kam zum Streit, bis sich Kaiser Friedrich Barbarossa persönlich auf dem Reichstag zu Augsburg der Sache annahm. Keine leichte Aufgabe, denn der Kaiser war sowohl Vetter des Herzogs als auch Neffe des Bischofs. Dennoch, in seinem Schiedsspruch kam er zu einem für beide Seiten annehmbaren Kompromiss: Den Markt zu Föhring erklärte er als aufgehoben, gleichzeitig machte er aber den Bischof zum stillen Teilhaber am neuen Markt samt Brücke in München, und zwar mit einem Drittel der Einnahmen. Über 700 Jahre, bis 1805, machten so auch die Freisinger Bischöfe aus den Zolleinnahmen gute Geschäfte. Das Datum des kaiserlichen Schiedsspruches vom 14. Juni 1158 markiert zugleich die Gründung Münchens.

Viktualienmarkt mit Hl.-Geist-Kirche.

Unten: Isartor

Viktualienmarkt

Maibaum

Staatskanzlei

Hofgarten

Das Bayerische Nationalmuseum.

Monopteros im Englischen Garten.

Neuhauserstraße mit Michaelskirche und den Türmen der Frauenkirche.

Genau genommen gab es damals noch gar kein München. Augsburg gab es, Regensburg und Nürnberg. Wo heute München liegt, am Petersbergl, befand sich nur ein Kloster. Der Stadtname geht ebenso auf dieses Kloster zurück wie das Stadtwappen, das „Münchner Kindl" war eigentlich ein Mönch. In der Nähe, ca. 15 Gehminuten über Wiesen und Felder, gab es das Dorf Altheim. Etwas westlich vom heutigen Marienplatz nahm es einst das kleine Gebiet zwischen Färbergraben, Damenstiftstraße und Brunnstraße ein. Was ist aus dem Kloster und der winzigen Siedlung geworden in gut 840 Jahren? Eine über 26 km breite und 20 km lange Stadt mit bald 1,3 Millionen Einwohnern. Würde einer mit dem Fahrrad um die Stadt herumfahren, wieder am Ausgangspunkt angelangt hätte er 117 km zurückgelegt.

Doch zurück zu den Anfängen. Nachdem die Wittelsbacher 1180 in Bayern die Herrschaft übernommen hatten, erwählte Ludwig der Strenge (1253-1294) im Jahr 1255 München zum Sitz der Wittelsbacher und Verwaltungszentrum Oberbayerns. Die alten Stadtmauern wurden bald zu eng und noch vor 1300 erhielt die Stadt ihren zweiten Mauerring: Der von Angertor, Sendlinger Tor, Karlstor, Schwabinger Tor, Kosttor und Isartor gezogene Rahmen bewahrte über 500 Jahre seine Gültigkeit. Die älteste Kirche Münchens, St. Peter, stammt von 1368.

Der Turm ist für Besucher zugänglich. Der Lohn für die Mühen des Aufstiegs ist eine hervorragende Aussicht auf die Altstadt und den Marienplatz.

Innenstadt

Schon im Jahr 1271 erhielt München seine zweite Pfarrkirche „Zu Unserer Lieben Frau", dem Vorläufer der Frauenkirche. Für die heutige Frauenkirche wurde 1468 nach dem Abriss des alten Gotteshauses der Grundstein gelegt. Nach 26 Jahren Bauzeit konnte die Kirche, deren Ausmaße für eine Stadt mit 13500 Einwohnern zweifellos enorm waren, geweiht werden. 1525 erhielten die beiden

99 und 100 Meter hohen Kirchtürme ihre charakteristischen „welschen Hauben“, die heute aus dem Stadtbild Münchens nicht mehr wegzudenken sind.

Mittelpunkt der Stadt ist der 1240 erstmals als „Forum“ beurkundete Marienplatz.
Die Neuhauser- und Kaufingerstraße führen vom Karlsplatz, besser bekannt als Stachus, dorthin. Zur Gründerzeit war die Neuhauserstraße Teil der alten Salzstraße, die Salzburg mit Augsburg verband. Östlich des Marienplatzes entstand 1315 das Alte Rathaus, das – mehrfach durch Brände in Mitleidenschaft gezogen – um 1470/80 durch Jörg von Halspach erneuert wurde. Viel mehr als das historische Alte Rathaus beachten die meisten Münchenbesucher den Monumentalbau des Neuen Rathauses, 1867-1909 von Georg Joseph von Hauberrisser in flandrischer Manier erbaut. Das Rathaus-Glockenspiel (tägl. 11.00 und 17.00 Uhr) mit seinen Turnier-Rittern und den Schäfflern darunter ist eines der beliebtesten Fotomotive der Stadt. Der „Schäfflertanz“ geht zurück auf die Pestzeit. Wilhelm IV. (1508-1550) soll angeordnet haben, das glückliche Ende einer Pestepidemie alle sieben Jahre mit dem Tanz der Schäffler zu begehen. Das zweite Motiv stellt eine Renaissance-Hochzeit in Verbindung mit einem Ritter-Turnier dar, und zwar die von Wilhelm V. mit Renata von Lothringen (1568).
Die Mariensäule mitten auf dem Platz geht auf die Beendigung der schwedischen Besatzung im Dreißigjährigen Krieg zurück. Unter der Bronze-Madonna, die als Beschützerin Bayerns oben auf der Säule steht, versammeln sich am Samstagabend die Gläubigen und halten Andacht.

Hinter dem Neuen Rathaus erstreckt sich die Fußgängerzone über die Theatinerstraße bis zum Odeonsplatz. Hier beherrschen die doppeltürmige Theatinerkirche und die Feldherrnhalle das Bild. Gegenüber der Barockfassade der Theatinerkirche betritt man den Hofgarten mit dem kleinen runden Tempel,

Hofgarten mit Theatinerkirche.

Frühling hinter dem Neuen Rathaus.

der eine Bronze-Bavaria auf seiner Kuppel trägt.
Als im 15. Jahrhundert Mittenwald Bozen vorübergehend als Markt Venedigs ablöste, wirkte sich das auch sehr günstig auf die wirtschaftliche Entwicklung Münchens aus. Bereits ab etwa 1385 hatten die Wittelsbacher ihre Residenz dorthin verlegt, in die „Neue Veste", aus der schließlich nach mannigfachen Baumaßnahmen – besonders nachdem München ab 1506 unter Herzog Albrecht IV. (dem Weisen) offizielle bayerische Hauptstadt wurde – die Residenz hervorging. Besonders Maximilian I. nutzte die mehr als 50 Jahre seiner Regierungszeit, um den viereckigen Kaiserhof großzügig auszubauen und den Hofgarten anzulegen. 1618 waren die Arbeiten abgeschlossen.
Als neuer Bauherr trat im 19. Jahrhundert König Ludwig I. auf, für den Leo von Klenze zwischen 1826 und 1835 den Königsbau als Wohnbereich der königlichen Familie einrichtete.
1846 überschritt die Einwohnerzahl Münchens erstmals die Grenze von 100 000. Weitere Bauten im Stil der italienischen Hochrenaissance folgten und gaben Münchens Residenz ihr Gesicht, bis 1944 erhebliche Teile bei Luftangriffen zerstört wurden.
Bald nach dem Krieg begann der Wiederaufbau, der als durchwegs gelungen bezeichnet werden kann. Da viele Teile des Inventars dank umsichtiger Vorausschau ausgelagert worden waren, können bei einem Rundgang heute neben den räumlichen Sehenswürdigkeiten viele kostbare Ausstattungsgegenstände betrachtet werden.

Jenem Ludwig I. verdankt München auch die griechischen bzw. hellenischen Züge, wie sie zum Beispiel aus der Glyptothek am Königsplatz ersichtlich werden. Schon als Kronprinz war dieser von der Kunst der Griechen und Byzantiner so fasziniert, dass er ebenbürtige Wunderwerke als Symbol seiner Macht und Herrlichkeit in seiner Heimat entstehen lassen wollte. Der Griechenfreundlichkeit Ludwigs verdanken die Bayern – nebenbei sei es vermerkt – auch das hellenische y in ihrem Namen. Baiern (vormals Boiern) nannten sich die Bewohner des Gebiets bis zu dieser Zeit. Eine regelrechte Imitation hellenischer Bauten sind die Propyläen auf dem Königsplatz, deren Vorbild in der Athener Akropolis zu suchen ist. Auch die Staatliche Antikensammlung von 1838/48 und die Ruhmeshalle an der Theresienwiese von 1843/53 orientieren sich an hellenischem Kunstgefühl. Die Ludwigstraße, die jener zwischen 1816 (noch als Kronprinz) und 1852 (nachdem er als König bereits abgedankt hatte) in klassizistischer Strenge zwischen Feldherrnhalle und Siegestor erbauen ließ, sollte München in den Rang einer Weltstadt erheben. Die Prachtstraße säumen monumentale Amtsgebäude, dazu gehören das Bayerische Hauptstaatsarchiv, die Staatsbibliothek und die Gebäude der Universität. Ab dem Siegestor schnurgerade weiter in nördlicher Richtung zieht die Leopoldstraße nach Schwabing, das Münchner Künstlerviertel. Wie der König dazu kam, zu Ehren des Bayerischen Heeres ein Siegestor nach dem Vorbild des Konstantinsbogen in Rom zu errichten, bleibt fragwürdig. Durch Siege zeichnete sich das bayerische Heer, das im Rahmen häufiger Bündniswechsel gegen oder mit Frankreich, Österreich oder Preussen kämpfte, jedenfalls nicht aus.

Im rechten Winkel zur Ludwigstraße führt die Maximilianstraße von der Residenz ans Hochufer der Isar. König Max II., Sohn von Ludwig I., ließ sie zwischen 1852 und 1875 anlegen. Die Straße ist heute der exklusivste Einkaufsboulevard Münchens, man flaniert vorbei an den großen Namen der internationalen Modewelt. In den Schaufenstern findet man feinstes Tuch, raffinierteste Lederwaren bis hin zu den sogenannten Träumen aus Gold, Silber und Edelsteinen. Das Preisniveau ist allerdings so, dass es für die meisten Menschen beim Träumen bleibt. Beachtlich auch die Grundstückspreise: mindestens 15 000 Euro pro Quadratmeter! Die meisten alteingesessenen Firmen, die jahrzehntelang zur Maximilianstraße gehörten wie das Monument ihres Erbauers, konnten sich nicht halten. Neben der Großen Staatsoper drängeln sich dort ein halbes Dutzend Theater und einige Galerien mit Skulpturen und Gemälden.

Ludwig I. verdanken die Münchner auch jenes Fest, das heute jährlich bis zu fünf Millionen Besucher aus aller Herren Länder in die Stadt lockt: das Oktoberfest. Nachdem am 17. Oktober 1810 die Hochzeit des Kronprinzen mit Therese von Sachsen-Hildburghausen mit einem Volksfest mit Pferderennen gefeiert worden war, verband man im folgenden Jahr das einjährige Hochzeitsjubiläum mit den Anlässen einer Viehausstellung und des Erntedankes zu einer feuchtfröhlichen Festivität, die heute weltberühmt ist. Übrigens genau am 15. Dezember 1957 überschritt die Einwohnerzahl der Stadt die Millionengrenze, die erste U-Bahn ging 1971 in Betrieb.

Münchner Bier

München ist die Stadt der Biere, sagt man. Das Bierbrauen hat in München eine lange Tradition. Wie in den Chroniken der Stadt nachzulesen ist, wurde bereits 1328 von den Augustiner-Mönchen Bier gebraut. Überhaupt war das Brauen bei den Geistlichen sehr beliebt. Das Motto der Mönche war „Ora et labora“ (Bete und arbeite) und es war ein hartes Leben, das sie im Mittelalter führten. Hinzu kam, dass zahlreiche Fastentage den Körper schwächten.

Den Kirchenoberen wurde schnell klar, dass dies auf Dauer der Gesundheit nicht zuträglich sein konnte, und so gab es eine Ordensregel, die besagte: „Liquida non fragunt ienum“ (Flüssigkeiten brechen das Fasten nicht). Bier, das flüssige Brot, schien für die Mönche wie geschaffen. Im Mittelalter gab es über 500 Bier brauende Klöster in ganz Deutschland, davon im Jahr 800 allein 300 in Bayern, und viele brauten bereits seit über 150 Jahren Bier. Die Mönche brauten nicht nur für den Eigenbedarf, was der weltlichen Konkurrenz natürlich überhaupt nicht gefallen wollte. Bemerkenswerterweise war die tägliche Ration pro Klosterinsasse mit 5 Maß, also 5 Liter Bier pro Tag nicht gerade spärlich bemessen. Einen Teil davon gaben die Mönche an Bedürftige und Pilger ab. Von jeher kann den Mönchen bescheinigt werden, dass sie ein vorzügliches Bier brauten. Nicht umsonst brauen viele Klöster bis heute den Gerstensaft. Bier wurde nicht nur als Getränk gesehen, sondern auch als Kraft- und Heiltrunk. Und überhaupt kam der gesundheitliche Aspekt ziemlich früh ins Spiel: 1487 erließ Herzog Albrecht IV. für die damalige Residenzstadt München eine Bierordnung, die zur Grundlage der Qualität der Münchner Biere wurde. Das Reinheitsgebot wurde erst 1516 erlassen und galt in ganz Bayern. Um die Jahrhundertwende gab es 25 Brauereien in München, 1930 waren es noch 10. Im zweiten Weltkrieg war München Hauptangriffsziel der Alliierten und die Brauereien wurden fast vollständig ausgebombt. Der Wiederaufbau erfolgte nach den neuesten technischen Gesichtspunkten.

Straßenlokal am Lenbachplatz.

Heute ist das Münchner Bier auf der ganzen Welt beliebt. In über 140 Länder werden jährlich einige Millionen Hektoliter exportiert, der Umsatz geht in die Milliarden. Allein die Spaten-Brauerei z. B. vermag 150000 Flaschen und 500 Fässer Bier pro Stunde abzufüllen. Sechs Großbrauereien sind heute noch in München beheimatet: Augustiner, Hacker-Pschorr, Hofbräuhaus, Löwenbräu, Paulaner und Spaten. Zusammen beschäftigen sie 3000 Angestellte.
Als Bierstadt ist München weltberühmt. Im Sommer, zur Biergartenzeit, bieten die sogenannten Biergärten 150000 durstigen Seelen Platz. Das Oktoberfest läutet das Ende der Biergartenzeit ein, von einer Verknappung des „flüssigen Brotes“ von da an kann aber keine Rede sein.

Skulptur in einem Münchner Biergarten.

Ein Kapitel für sich sind die Bierpreiserhöhungen in München. Anders als in anderen deutschen Städten, wo man Erhöhungen murrend akzeptierte, führte dies in München wiederholt zum offenen Aufruhr. Die Obrigkeit wusste sich oft nicht anders zu helfen und ließ das Militär ausrücken. Freiwillig ergab sich niemand und so gingen regelmäßig die Fensterscheiben und das Mobiliar der Brauhäuser zu Bruch, gelegentlich gab es sogar Tote und Verletzte. Bis 1910 mussten die Brauer Erhöhungen der Bierpreise immer wieder zurücknehmen. Lediglich 1823 gelang den Brauern eine Erhöhung um einen Pfennig. Das allerdings hatte einen Grund: Bei einem Brand im Hof- und Nationaltheater waren alle Löschbrunnen zugefroren. Die Feuerwehr löschte den Brand deshalb mit Bier und räumte die Lager sämtlicher Brauereien aus. Das Opfer war vergeblich, das Theater brannte völlig aus und das ganze Bier war auch weg. In dem einen Fall sahen die Münchner ein, dass die Erhöhung des Bierpreises angemessen war – zur Entschädigung der Brauer und zum Wiederaufbau des Theaters.

Das Bier ist auch der Grund, warum die bayerische Regierung immer noch auf höhere Eingebungen warten muss und das kam so:
Ein gewisser Alois Hingerl, Dienstmann, kam, brav wie er war, nach seinem Ableben direkt in den Himmel. Petrus wies ihm eine schöne Wolke zu, drückte ihm eine Harfe in die Hand und hieß ihn jubilieren und Hosianna singen. Der Alois wurde damit aber überhaupt nicht froh, besonders, weil es im Himmel kein Bier gab und er nur Manna trinken sollte. Er fing zu schimpfen an und schimpfte immer mehr und immer lauter, bis sogar der liebe Gott es hörte. „Oh je“, sagte er, „ein Münchner, mit dem werden wir hier keine Freude haben…“ Dann fiel ihm ein, dass der Alois eigentlich dafür geeignet sei, eine himmlische Botschaft ins Maximilianeum zu bringen. Der nahm den Auftrag mit Freude an, machte sich auf den Weg und kam aber am Hofbräuhaus vorbei, wo er an seinem Stammtisch erst einmal eine kleine Pause machen wollte. Er trank eine Maß, und noch eine und noch eine und es gefiel ihm so gut, dass er gleich noch eine bestellte, bis er den Auftrag schließlich einfach vergessen hatte… Und so kam, heißt es in der Geschichte, dass der bayerische Landtag noch heute auf die göttliche Eingebung wartet…

Rechte Seite:
Ein bayerischer Fjord – der Königssee.

Lindau und das Bayerische Bodenseeufer

Rechte Seite: Der Lindauer Hafen mit Leuchtturm und Löwen.

2. Lindau im Bodensee

Schwäbisches Meer wird die 571,5 km² große Wasserfläche des Bodensees auch genannt. Der im Durchschnitt 80 Meter (bis 254 m) tiefe See ist das größte deutsche Binnengewässer und der drittgrößte See Europas. Er entstand in einem Zungenbecken des eiszeitlichen Rheingletschers, das sich im Nordwesten in zwei schmale Einzelbecken aufspaltet, den Überlinger See (westwärts von Meersburg) mit der weltberühmten Blumeninsel Mainau und den Untersee mit der Insel Reichenau. Der Untersee wird unterteilt in den Zeller See und den Gnadensee. Gespeist wird der Bodensee im wesentlichen durch den Alpenrhein, der nahe Bregenz in den Obersee mündet. Seine 273 km Ufer teilen sich drei Schweizer Kantone (72 km), zwei deutsche Bundesländer – Baden-Württemberg und Bayern (173 km) – und das österreichische Bundesland Vorarlberg (28 km). Der bayerisch-schwäbische Uferanteil beschränkt sich auf die Region um Lindau und misst an Länge nur bescheidene 15 Kilometer.

Abendstimmung am Bodensee. Rechts am Horizont sind die Türme von Lindau zu erkennen.

Hinter den Ufern breitet sich der Bodenseeraum aus, eine Landschaft, die nicht exakt abgrenzbar ist und von unterschiedlichen Interessensgruppen (Historiker, Politiker etc.) unterschiedlich definiert wird. Die Landschaft um Lindau ist zum einen geprägt vom gewellten, waldreichen Hügelland des Westallgäus, dessen sanft geneigte Kuppen die Höhe von 1000 Metern kaum überschreiten, zum anderen vom flacheren, von mildem Klima begünstigten Bodenseeabschnitt. Auf den fruchtbaren Lössböden wird viel Obst (Äpfel, Birnen, Kirschen, Aprikosen) und Gemüse, aber auch Hopfen und Wein angebaut.

Lindaus mittelalterliche Altstadt liegt auf einer Insel im Bodensee. Eine befahrbare Brücke und ein Damm für die Eisenbahn verbinden die Inselstadt mit den eingemeindeten Siedlungen auf dem Festland. Dort, in Bad Schachen, Hoyren, Reutin, Aeschach, Unterreitnau und Oberreitnau leben mehr als fünf Sechstel der gut 26 000 Einwohner.

Obwohl überzeugende Bodenfunde fehlen, kann man davon ausgehen, dass die mittelalterliche Fischersiedlung „Lintavia" dort bereits auf einen keltischen Wohnplatz, vielleicht in Pfahlbauweise, zurückgeht. Rund um den ganzen See fand man eine beträchtliche Anzahl derartiger Siedlungen, bis heute etwa 100 aus der Zeit um 3900 bis 800 v. Chr.

Ein Besuch des Pfahlbaumuseums am Nordufer des Sees, in Unteruhldingen, vermittelt interessante Einblicke in die Lebensweise und Wohnverhältnisse der Menschen, die lange vor unserer Zeitrechnung das Seeufer oder die Bodenseeinsel zu ihrer Heimat erwählt hatten.

Ab 15 v. Chr. wurden die Römer zur vorherrschenden Macht in der Region. Sie bauten Straßen, legten Siedlungen und ab dem 3. Jahrhundert auch Kastelle an – in Konstanz, Bregenz, Arbon und Stein am Rhein. Zwischen das 6. und 9. Jahrhundert fällt die

Mangturm

Rechte Seite:
Das alte Rathaus von Lindau.

Hafeneinfahrt

Christianisierung der Region. Irische Mönche, die auch das mächtige Kloster St. Gallen gründeten, bekehrten die Menschen, die zuvor die alemannischen Naturgötter verehrten, zum katholischen Glauben. Mit der Gründung eines Damenstifts um 800 im Osten der Insel beginnt die fassbare Geschichte der Stadt. 1079 wurde der stiftseigene Markt vom 802 erstmals erwähnten Ort Aeschach am Festlandsufer auf den aus drei einzelnen Inseln bestehenden Siedlungskomplex verlegt. Würde man Lindau vom Flugzeug aus betrachten, könnte man heute noch sehen, dass die Stadt einst aus drei verschieden großen Inseln bestand. Erst neuzeitliche Aufschüttungen und Dämme schufen eine einzige Insel.

Ein starker wirtschaftlicher Aufschwung setzte ein, als 1445 die „Lindau-Mailändische-Botenanstalt“ gegründet wurde, eine für die damalige Zeit ungemein fortschrittliche Institution. Sie erledigte Aufgaben, wie sie heute von der Post, den Banken oder von internationalen Speditionen ausgeführt werden. Der ihr obliegende Geld-, Güter- und Nachrichtenservice erwies sich für die geschäftlichen Transaktionen zwischen Mailand und der Bodenseestadt als höchst förderlich. Ihr Einfluss war schließlich in ganz Europa spürbar. Vom damaligen Wohlstand der Stadt zeugen noch heute die stattlichen Bauten im malerischen Ensemble.
Die politische Bedeutung der Stadt kam deutlich 1496 zum Ausdruck, als Kaiser Maximilian I. im Lindauer Rathaus den Reichstag einberufen ließ.

Ihre unzugängliche Lage erwies sich für die Insel in Zeiten kriegerischer Auseinandersetzungen als ausgesprochen vorteilhaft. Die Insulaner blieben von vielen Kriegswirren verschont. Nicht einmal der Schwedenkönig Gustav Adolf war in der Lage, die Insel einzunehmen, und das nicht weil sich die Lindauer so tapfer verteidigt hätten, sondern weil sie einfach die schon damals bestehende Brücke zum Festland einrissen. Zum Bauen einer Flotte und anschließendem Führen einer Seeschlacht hatte Gustav Adolf offenbar weder Zeit noch Lust.

Nach der Entdeckung Amerikas und der Kolonisierung Afrikas verlagerten sich die Handelsbeziehungen Europas und der Fluss der Gelder und Waren suchte sich neue Wege. Nicht mehr der Bodensee, sondern das Mittelmeer und der Atlantik verhießen die goldenen Ufer. Damit versiegte das einträgliche Geschäft des „Mailändischen-Boten“, dessen Dienste selbst Goethe während seiner Italienreisen in Anspruch genommen hatte.

Dass Fürst Bretzenheim Lindau nach der Säkularisation in einem Tauschgeschäft an Österreich abtrat, lässt darauf schließen, wie schlecht es um die Stadt stand.
Das geschah 1804, ein Jahr bevor Lindau endgültig zu Bayern kam. Die Zeiten der großen internationalen Geschäfte sind unwiederruflich vorbei. Die größte Rolle als Erwerbsquelle spielt in Lindau heute der Fremdenverkehr. Auf Anregung des Mainauer Inselherrn Graf Lennart Bernadotte finden seit 1951 alljährliche Nobelpreisträger-Tagungen statt. 1976 wurde die nur 0,62 km^2 große Insel unter Denkmalschutz gestellt.
Lindau präsentiert hervorragende Beispiele bürgerlicher Baukunst vom ausgehenden Mittelalter bis zum Barock. Die Altstadt ist weitgehend autofrei, was einen Spaziergang über die historischen Plätze und durch die malerischen Gassen zu einem geruhsamen Erlebnis werden lässt. Besonders reizvoll ist die stete Nähe des Sees, dessen Farbenspiele den Gang auf Uferwegen und Promenaden begleiten.
Der kleine ummauerte Hafen ist der „Haupteingang“ vom See her. Ein berühmtes Motiv

HIC IVSTITIÆ ET PIETATIS SEDES
Blum

Ausschnitt der Rathausbemalung.

Rechte Seite:
Der Lindauer Hafen.

Postamt

ist der Blick auf seine enge Einfahrt zwischen dem Leuchtturm und dem Sockel, auf dem der bayerische Löwe thront. Der 6 m hohe Löwe des Bildhauers Johann von Halbig (von 1856) auf der zum Teil aus dem Schutt der ehemaligen Bregenzer Zisterzienserabtei Mehrerau aufgeschütteten Mole und der 33 m hohe Leuchtturm, von dessen Plattform sich ein herrlicher Blick auf den See, das Rheintal und auf die Alpengipfel bietet, markieren weithin sichtbar die Hafeneinfahrt. Direkt am Hafen steht der wuchtige Mangturm aus dem 11. Jahrhundert, einer der ältesten historischen Zeugen der Stadt. Seinen Namen verdankt er den Mangel- und Färberhallen, die einst hier standen. Der Turm selbst war Teil der Befestigung der ehemaligen Lager und Versandgebäude, die einen großen Teil der Insel ausmachten.

Dank des günstigen Klimas sind die Plätze des Stadtkerns und die alten Fachwerkhäuser mit ihren Erkern und den Butzenscheiben in den kleinen Fenstern über und über mit bunten Blumen geschmückt. Blumen findet man auch sonst auf den bayerischen Balkonen, aber sicher nicht so früh im Jahr wie hier am Bodensee. Die herrlichen Magnolienbäume verschwenden ihre Blütenpracht bereits, wenn die Wiesen im übrigen Bayernland noch im tristen Braun des kaum vergangenen Winters liegen.

Ein Zeugnis aus Lindaus großer Zeit ist das alte Rathaus mit seinen prächtigen bunten Außenfresken. 1422-36 wurde es in gotischem Stil errichtet, um 1540 erhielt es den von einem Giebelreiter für die beiden Rathausglocken bekrönten repräsentativen Staffelgiebel.
Eine überdachte Treppe führt zu einem geschmückten Erker, von dem aus die Stadtväter den versammelten Bürgern bis ins 19. Jahrhundert hinein wichtige Botschaften verkündeten.
Eines der schönsten Profanbauwerke im Barockstil ist das „Haus zum Cavazzen", ein

prächtiges Patrizierhaus, das 1729-30 von H. U. Grubenmann erbaut wurde. Als bauplastische Verzierungen sind Wellengiebel an den Fensterverdachungen und ein großzügiges Portal angebracht. Unbekannt blieb der Künstler, der die Außenfassade in klassischer Freskotechnik in rötlich-grauen Tönen bemalte. Hinter der asymmetrischen Hauptfront ist heute die städtische Kunstsammlung untergebracht. Im als Lese- und Fernsehraum eingerichteten Erdgeschoss des würdigen Bauwerks finden Feriengäste Ruhe und Beschaulichkeit. Weitere bauliche Höhepunkte stellen die Marienkirche und die Stephanskirche dar. In der unscheinbaren Peterskirche kann man erst vor kurzem entdeckte alte Fresken besichtigen, die – nach Entdeckung einer Signatur „HH" – dem jungen Hans Holbein d. Ä. (um 1465-1524) zugeschrieben werden. Wer sein Glück versuchen will, kann das in der modernen Spielbank gleich hinter der Seebrücke tun.

Der Diebsturm

Die Maximilianstraße: Hauptader der Inselstadt.

Bayerisches Bodenseeufer

Fährt man von Lindau mit dem Schiff nach Westen, fällt der Blick auf großzügige Villengrundstücke, die einst vom bayerischen Adel und Großbürgertum direkt am Seeufer errichtet wurden. So sahen im vorigen Jahrhundert Ferienwohnungen und Altersruhesitze aus.

Zu den prächtigsten Villen gehört die Villa Lindenhof in Bad Schachen. Dieser auffallend schöne, klassizistische Bau entstand in den Jahren 1842-45 als Feriendomizil des Lindauer Kaufmanns Friedrich Gruber. Der im englischen Stil angelegte Park ist öffentlich zugänglich.

Der reizvolle, auf einer Halbinsel in den See hinausragende Ort Wasserburg verdient besondere Erwähnung. Die gerade noch auf bayerischem Gebiet liegende Ansiedlung weist jene typische Bodenseeatmosphäre auf, die von den Touristen so geschätzt wird.

Zur Region gehört der Weinbau. Der Anbau von Wein rund um den See hat eine lange Tradition, den Anfang machten zu Beginn des 8. Jahrhunderts die Benediktinermönche auf der Insel Reichenau westlich von Konstanz.

Auch in Wasserburg wird seit Jahrhunderten der süße Saft der Trauben zu köstlichen Weinsorten gekeltert. Rund um den Ort und weit hinein ins hügelige Hinterland erstrecken sich die Weinberge. Viel bestaunt wird von den Besuchern eine große hölzerne Weinpresse, die man an der Dorfstraße aufgestellt hat. Eine Jahreszahl in der Spindel aus steinhartem Eichenholz verrät ihr Alter: 1591. Wie viele Hektoliter süßen Rebensaftes mögen in 400 Jahren über die Spindel des Torggelbaums geflossen sein! 15 ähnliche Weinpressen soll es bis vor kurzem noch in dem Ort gegeben haben.

Im wehrhaften Wasserburger Schloss residierten einst die Fugger und die Grafen von Montfort. Die ältesten Mauern datieren aus dem 13. Jahrhundert. Die Spitze der heutigen Halbinsel war schon bebaut, als es noch keine geschichtlichen Aufzeichnungen gab. Zur Zeit der Ungarneinfälle diente sie als befestigte Zufluchtstätte. Zu den Besitzungen des Klosters St. Gallen gehörig, diente die früher gänzlich von Wasser umgebene Trutzburg als Aufbewahrungsort der Klosterschätze. Erst im Jahre 1720 wurde der Wassergraben aufgeschüttet, von dem heute nichts mehr zu erkennen ist.

Lindau, Yachthafen

Wasserburg am Bodensee.

3. Oberallgäu

Im Nordosten von Lindau erstreckt sich das Westallgäuer Bergland, ein beliebtes Ferien- und Ausflugsgebiet von vielgestaltiger landschaftlicher Schönheit. Von Sigmarszell folgt die gut ausgebaute Deutsche Alpenstraße (B 308) dem stetigen Auf und Ab der Bergkuppen und streift mit Scheidegg, Lindenberg, Weiler-Simmerberg und Oberreute vielbesuchte Ortschaften in prachtvoller Berglage.

Das Oberallgäu ist eingrenzbar durch die Eckpunkte Oberstaufen – Isny – Kempten – Marktoberdorf – Füssen – Quellgebiet der Stillach südlich von Oberstdorf. Nicht zu vergessen das Kleinwalsertal (1251 m), das – wenn auch zu Österreich/Vorarlberg gehörig – doch landschaftlich dem Allgäu zugerechnet wird. Der Zugang in das von Bergen umschlossene Tal ist nur von Norden, von Oberstdorf her möglich.
Allgäu: bei vielen erweckt der Name sogleich die Vorstellung von weitgehend ursprünglich gebliebenen Landschaften mit viel Grün, Kühen, Milch und Käse, mit bewaldeten Mittelgebirgskämmen und typisch grasbewachsenen Hochgebirgsgipfeln.
Von Nord nach Süd steigert sich die Landschaft, beginnend mit sanft gewelltem Alpenvorland über rasch ansteigende Voralpenketten bis hin zum krönenden Halbrund der Hochgebirgsgipfel.
Der Allgäuer Hauptkamm, den man etwa vom Nebelhorn oder vom Fellhorn als großartiges Panorama vor sich hat, ist gleichzeitig Grenzkamm zu Österreich.
Von den 225 selbstständigen Gipfeln des Hochallgäus sind 145 höher als 2000 Meter und immerhin noch 35 höher als 2500 Meter.

Elfer und Zwölfer im Kleinen Walsertal.

An Formenreichtum und Schroffheit können sie es leicht mit viel berühmteren Gebirgsgruppen der Alpen aufnehmen. Die reinen Grasberge sind in der Minderzahl, ebenso wie die Gipfel, die ganz ohne Schwierigkeiten zu ersteigen sind. Auf viele führen zwar markierte, aber durchaus anspruchsvolle, zum Teil mit Drahtseilen und Eisenleitern versehene Wege und Klettersteige (Heilbronner Weg, Mindelheimer Klettersteig u. a.). Ein großzügiges Hüttennetz ermöglicht eine Durchwanderung der Allgäuer Alpen über eine Strecke von 100 Kilometern, ohne dass man auch nur einmal ins Tal absteigen müsste. Der höchste Gipfel – auf österreichischem Boden – ist mit 2657 Metern der Große Krottenkopf. Der höchste deutsche, der Hochfrott steht ihm mit seinen 2648 Metern nur wenig nach. Die Täler zeichnen sich nicht nur durch großen landschaftlichen Reiz aus, auch kulturell gibt es einiges zu entdecken.

Kempten

Mit rund 60 000 Einwohnern ist die kreisfreie Stadt Kempten an der Iller nach Augsburg die zweitgrößte Stadt des bayerisch-schwäbischen Regierungsbezirkes. Die reizvolle landschaftliche Lage vor der Kulisse der Ost- und Oberallgäuer Berge und eine Vielzahl historischer Bauwerke locken alljährlich viele Besucher in eine der ältesten deutschen Städte.

Frühling in der Umgebung von Kempten.

Kempten blickt auf eine bewegte 2000-jährige Geschichte zurück. Schon seit dem 5. Jahrhundert v. Chr. siedelte in dem Gebiet der keltische Stamm der Estionen, die dem Ort den Namen „Kambódounon“ gaben. Als die Römer 15 v. Chr. die Kelten besiegten, errichteten sie am rechten Illerufer eine Garnison mit einer Siedlung und nannten den Ort „Cambodunum“. 259 n. Chr. zerstörten die Alemannen Cambodunum und errichteten am Fuß der Burghalde, einer Anhöhe links der Iller, eine neue Siedlung. Um 752 gründeten hier, im Gebiet des heutigen St. Mang-Platzes, St. Gallener Mönche eine Missionszelle, aus der sich noch im gleichen Jahrhundert ein eigenständiges Benediktinerkloster, das älteste im Allgäu, hervorging. Um den Siedlungskern von St. Mang entwickelte sich bald eine bürgerliche Stadtsiedlung, der König Rudolf von Habsburg in einem Freiheitsbrief von 1289 den Rang einer Reichsstadt zusicherte. 1360 wurde der Abt von St. Mang durch Kaiser Karl IV. als Reichsfürst bestätigt, 1361 Kempten als Reichsstadt endgültig anerkannt. Dies führte in den folgenden Jahrhunderten wiederholt zu Streitigkeiten zwischen Reichsstift und Reichsstadt. Das ging soweit, dass die Bürger 1363 den Vogtsitz und die Zwingburg des Klosters auf der Burghalde zerstörten. Erst 1525 konnte sich die Stadt gegen Geld von den letzten grundherrlichen Rechten der Äbte befreien, Kempten war nun wirklich selbstständig geworden. Die Spannungen zwischen Stift und Stadt wuchsen noch, als sich das bürgerliche Kempten 1527 der Reformation anschloss, sie führten 1632 dazu, dass die Schweden mit Hilfe der Bürger Kloster und Kirche zerstörten. Eine Tat, die sich rächte: Im Gegenzug zerstörten die kaiserlichen Truppen ein Jahr darauf die protestantische Reichsstadt und erschlugen einen Großteil der Bürger. Die Übriggebliebenen litten unter den Folgen des Dreißigjährigen Krieges, viele verhungerten oder wurden von der Pest hinweggerafft. 1651 begann das Stift mit dem Bau einer fürstäbtlichen Residenz und der St. Lorenz-Kirche.

Typisches Allgäuer Haus.

Herbstfärbung im Allgäu.

Um den Komplex herum entwickelte sich die Stifts- oder Neustadt, die 1712 ein eigenes Stadtrecht erhielt. 1803, nach der Säkularisation, fielen Stadt und Stift an Bayern. Erst 1811 wurden sie zu einer Stadt vereinigt.

Wohl eines der schönsten historischen Gebäude Kemptens ist das über 600 Jahre alte Rathaus in der früheren Marktgasse der bürgerlichen Altstadt. Ursprünglich stand hier ein Kornspeicher, der ab 1382 für Ratssitzungen genutzt wurde. 1474 errichtete man einen Neubau aus Stein, der jedoch in den nachfolgenden Jahrhunderten immer wieder verändert wurde. Das freistehende Rathaus mit seiner strahlend weißen Front, seinem Treppengiebel und dem schlanken Zwiebelturm fällt sofort ins Auge. Der prachtvolle Renaissance-Brunnen vor dem Rathaus wurde 1601 von H. Krumper errichtet.

Von der schönen mehrgeschossigen Bebauung rund um den Rathausplatz, deren Ursprung bis ins 16. Jahrhundert zurückreicht, heben sich drei historische Gebäude besonders ab. So der Londoner Hof (Nr. 2), dessen reichgestaltete Rokokofassade als die schönste der Altstadt gilt, das Ponikauhaus (Nr. 10) sowie das 1796 entstandene Neubronnerhaus (Nr. 5), ein altes Patrizierhaus mit schmuckem Portal.

Rechte Seite:
Der ehemalige Klostergarten und der Dom von Kempten.

Den brunnengeschmückten St. Mang-Platz südöstlich vom Rathaus beherrscht die evangelische Pfarrkirche St. Mang mit ihrem 66 Meter hohen spitzhelmigen Turm. Sie entstand 1426-40 auf dem Grund des in der Mitte des 8. Jahrhunderts errichteten Missionskirchleins. In der 1. Hälfte des 16. Jahrhunderts wurde sie durch drei Seitenkapellen vergrößert, 1767-68 über dem Langhaus gewölbt und mit prächtigem Rokokoschmuck von Matthias Wankmüller ausgestattet.

Nur wenige Schritte sind es von der Altstadt zum Residenzplatz. Fürstabt Giel von Gielsberg ließ die Gebäude, die als Kloster und Regierungssitz dienten, ab 1651 neu errichten. Die mächtigen Gebäude lassen ahnen, welche Autorität früher von dem Kloster ausging. Die Prunkräume sind öffentlich zugänglich, die Residenz wird heute als Museum genutzt.

Die Kirche St. Mang mit dem brunnengeschmückten Vorplatz.

Altes Rathaus.

Auf der Burghalde.

Die ehemalige Benediktinerkirche St. Lorenz gilt als erster frühbarocker Kirchenbau Süddeutschlands, der nach dem Dreißigjährigen Krieg errichtet wurde. Die Außenfront der eindrucksvoll großen Kirche prägt eine wuchtige Doppelturmfassade. Sehenswert ist die Innenausstattung mit Stukkaturen von Giovanni Zucalli, Fresken von Andreas Asper, bedeutsamen Scagliola-Arbeiten und barocken Altären. In den Rundkapellen der Seitenschiffe befinden sich die fürstäbtlichen Grabmähler.

Empfehlenswert ist ein Spaziergang zur Burghalde, dem Wahrzeichen Kemptens. Als die Stadt in den Alemannenstürmen zerstört wurde, suchte die Bevölkerung auf der Anhöhe Zuflucht. Im 5. Jahrhundert war sie letztes Bollwerk der abziehenden Römer.

Im Kemptener Umland ist besonders der Nordwesten ein lohnendes Ziel für Ausflüge. Hier reiht sich Kirche an Kirche und auch landschaftlich ist einiges geboten. Besonders der Illerdurchbruch, der bei Krugzell beginnt, wartet mit wildromantischen Szenerien auf.

Oberstdorf

Wo der mächtige Kranz der Allgäuer Alpen den obersten Talboden der noch jungen Iller umschließt, liegt in 815 Meter Höhe der bekannteste Allgäuer Urlaubsort.

Früher war der Ort eher benachteiligt. Weitab aller Durchgangsstraßen und Handelsplätze war die Bevölkerung ausschließlich auf bäuerliche Erträge angewiesen. Heute bildet diese Lage touristisches Kapital für den heilklimatischen Kurort und Wintersportplatz von internationalem Ruf. Beeindruckend schön ist der Talschluss um Oberstdorf mit den steilen Felsflanken und Graten von Hochgund- und Rotgundspitze, Hochfrottspitze, Mädelegabel und Trettachspitze, Kramer, Kreuzeck, Großer Wilder, dem Hochvogel und der Fuchskarspitze an der Grenze zu Österreich. Die Lage am Zusammenfluss der Quelltäler der Iller prä-

Kempten, die Stadt an der Iller, mit dem spitzen Turm von St. Mang.

Die Orangerie, die zu den ehemaligen Klostergebäuden gehört, gibt Einblick in die Lebensart der Fürstäbte.

Oberstdorf, ein beliebter und vielbesuchter Urlaubsort, liegt mitten in den Bergen.

destinieren Oberstdorf zum idealen Ausgangspunkt für fast alle Gipfelbesteigungen im Allgäuer Hauptkamm.
Aber auch der Wanderer und Spaziergänger kommt auf seine Kosten. Ein weit angelegtes Wegenetz durchzieht von Oberstdorf aus den nach Süden immer enger werdenden Talkessel, von dem mehrere eng eingeschnittene Bergtäler abzweigen. Im Oytal, Trettachtal und Stillachtal sind die Fahrwege für den öffentlichen Verkehr gesperrt. Sie dienen ausschließlich der Versorgung der Bewohner hoch gelegener Weiler und Bergbauernhöfe. Einödsbach (1115 m) im Stillachtal, auf das die Westwand der Trettachspitze und die Nordwände der Mädelegabel herabschauen, ist der südlichste dauernd bewohnte Punkt Deutschlands.
Über dem hinteren Oytal ragt die Höfats (2259 m) auf, der bekannteste der Allgäuer „Grasberge".
Quarzhaltiges Gestein ist der Hintergrund für den weitbekannten Blumenreichtum des Berges. Seine grasbemantelten Steilflanken bergen botanische Seltenheiten, die man in den übrigen bayerischen Alpen, ja sogar in den Nördlichen Kalkalpen vergeblich sucht. Berühmt-berüchtigt wurde der Berg durch die zahlreichen mit seiner Besteigung verbundenen Unfälle.
Das Pflücken der begehrten Edelweiß an den Höfatsgipfeln ging so weit, dass der Bestand von 1900 bis 1923 auf 10% zurückging. Nachdem ein Bergwacht-Pflanzenschutzposten eingerichtet wurde, erholten sich die Bestände auf über 80%.

1865 wurde Oberstdorf bei einer Feuersbrunst weitgehend zerstört. Dass es danach moderner und komfortabler als andere Dörfer zu jener Zeit wieder aufgebaut wurde, hat mit zur frühen Entwicklung des Fremdenverkehrs beigetragen. Nur wenige der jahrhundertealten Allgäuer Holzhäuser blieben in den verwinkelten Gassen vom Feuer verschont. Dazu gehören neben der katholischen Pfarrkirche am Marktplatz einige Häuser in typischer Blockbauweise mit flachen

Auf dem kleinen Bild rechts sehen wir den Brunnen, mit dem die Oberstdorfer ihre Gäste begrüßen.

Blick vom Nebelhorn nach Osten.

Rechte Seite: Blick vom Nebelhorn auf den Hochvogel.

Bergstation und Gasthaus auf dem Nebelhorn.

steinbeschwerten Schindeldächern in den Gässchen um den Oberen und Unteren Markt.

Von der Prinzenstraße südlich des Marktplatzes gelangt man in die Loretostraße, die an der Wallfahrtsstätte St. Loreto vorbei ins Stillachtal hinein führt.
Der Komplex besteht aus drei sehenswerten Kapellen (Appachkapelle, Loretokapelle und Josephskapelle). Bald danach kommt man zum schön gelegenen Freibergsee (950 m), einem Überbleibsel des eiszeitlichen Stillachgletschers. In der Nähe befindet sich die 1973 erbaute, international bekannte „Heini-Klopfer-Skiflugschanze“ mit ihrem 72 Meter hohen Anlaufturm.

Im Osten von Oberstdorf liegt das Nebelhorn (2224 m), ein altbekannter Aussichtsberg, auf den auch eine Seilbahn führt. Die Bahn erschließt im Winter ein hervorragendes Skigelände.
Die Aussicht vom Gipfel reicht von den gesamten Allgäuer Alpen über die Ammergauer Berge, das Wettersteingebirge, die Mieminger Berge, das Karwendel, die Stubaier und Ötztaler Alpen bis zu den Viertausendern des Berner Oberlandes.

Kleinwalsertal

Das 13 Kilometer lange Tal wurde bereits um 1300 von den Walsern besiedelt. Politisch gehört es zu Österreich, wirtschaftlich jedoch zu Deutschland, da die einzige Zufahrtsstraße von Oberstdorf herführt. Die Talorte Riezlern (1088 m), Hirschegg, Mittelberg und Baad (1244 m) sind beliebte Urlaubsziele im Sommer wie im Winter.

Charakteristisch für das Tal sind die freundlichen Dörfer mit spitzen Kirchtürmen inmitten grüner Matten und die zerstreuten Siedlungen, die bis hoch hinauf an den Hängen angelegt sind. Noch heute gibt es dort viele alte, im typischen Walserstil errichtete Bauernhäuser.

Mittelberg mit dem Zwölfer.

Rechte Seite: Hirschegg im Kleinwalsertal.

Ein typischer Walserstall.

Wohnhaus und Wirtschaftsgebäude sind grundsätzlich getrennt, deshalb spricht man von Paarhöfen. Hauptort und Sitz der Gemeindeverwaltung ist Riezlern. Das Walsermuseum im Ort birgt eine reichhaltige geschichtliche und volkstümliche Sammlung. Eine der sehenswertesten Walser Kirchen befindet sich in Mittelberg. Neben spätgotischem Schnitzwerk sind arabische Schriftzeichen aus dem Jahr 1303 zu besichtigen, die als erste ihrer Art im gesamten Alpenraum gelten.

Das Tal wird von der Breitach durchflossen, deren Quellbäche sich nördlich des markanten Widdersteins (Wahrzeichen von Mittelberg) vereinigen. Unterhalb von Riezlern ermöglichen Stege das Begehen der Breitachklamm. Links (taleinwärts gesehen) erheben sich die Berge der Schafalpgruppe und die einförmigen steilen Hänge des Fellhorns. Rechts baut sich die gewaltige Hochfläche des Ifenstocks auf. Ein Sessellift führt von Hirschegg zur Ifenhütte (1592 m), wo der Aufstieg zum Hohen Ifen beginnt. Auf dem Weg zum 2230 m hohen Gipfel überquert man den sogenannten „Gottesacker“, ein riesiges (9 km^2) zerklüftetes Karrenplateau mit skurrilen Felsformationen und tiefen Spalten, die nicht ungefährlich sind. „Karren“ oder „Schratten“ sind von tiefen Rillen durchzogene Kreidefelsen, die ihre Zerfurchung chemischer Auflösung durch Schmelzwasser und der mechanischen Wirkung fließenden Regenwassers verdanken. Landschaften ähnlichen Charakters findet man im „Steinernen Meer“ und im Hochköniggebiet in den Berchtesgadener Alpen. Streckenweise mildert die Öde der Steinwüste ein überraschender Blumenreichtum. Der Blick vom Gipfel reicht über die Allgäuer Berge bis zum Bregenzer Wald. Dem Ifenstock südlich vorgelagert baut sich der scharfe Grat des Walmendinger Horns auf. Zwischen den beiden Bergen liegt das vielbesuchte Schwarzwassertal mit der gleichnamigen Hütte (1626 m), im Sommer Stützpunkt für Wanderungen, im Winter für lohnende Skitouren.

Ostallgäu – Königswinkel

Pfronten im Allgäu liegt nahe an der Tiroler Grenze, wenn man von Kempten nach Reutte fährt. Die Marktgemeinde ist bekannt als Luftkurort und Wintersportplatz. Der hohe Barockturm der Pfarrkirche fällt wegen seiner Formschönheit ins Auge. Eine Seilbahn auf den Breitenberg ermöglicht schöne Tagestouren auf den Aggenstein und verschiedene Almen.

Auch der Markt Nesselwang liegt auf dem Weg, wenn man von Kempten nach Füssen unterwegs ist. Besonders geschützt hat man den Ort in eine Mulde gebaut. Der Markt hat sich durch die Feinmechanik einen Namen gemacht.

Linke Seite:
Schloss Hohenschwangau und ein Blick auf den idyllischen Alpsee.

Oben:
Der Weißensee, westlich von Füssen an der B 310, die nach Kempten führt.

4. Füssen - der Königswinkel

Wo der Lech die Tannheimer Berge hinter sich lässt und dem flacheren bayerischen Vorland zufließt, dort liegt die alte Stadt Füssen. Die Stadt an der Grenze zum österreichischen Bundesland Tirol war im Mittelalter ein bedeutender Umschlagplatz des Fernhandels mit Italien. Schon den Römern erschien die Stelle, an der der Lech die Alpen verlässt, als strategisch so bedeutsam, dass sie im 4. Jahrhundert n. Chr. dort eine Garnison („Foetibus") errichteten. Fundamente eines römischen Kastells fand man auf dem Schlossberg. Aus den Ausgrabungen lässt sich schließen, dass Füssen so alt wie Kempten ist, damit sind die beiden Städte die ältesten des Allgäus.

Innenhof des „Hohen Schlosses" zu Füssen, indem sogar Kaiser Maximilian einige Male Quartier bezog.

Als eigentlicher Stadtgründer ging St. Magnus in die Annalen ein, ein irischer Missionar, der im Jahr 725 auf Weisung des Augsburger Bischofs Wikterp von St. Gallen hierher kam, um eine Missionszelle zu gründen, aus der sich dann das Benediktinerkloster St. Mang entwickelte. Magnus, der bis zu seinem Lebensende in dem Kloster blieb, wird noch heute als Heiliger verehrt. Der Überlieferung nach kamen ihm besondere Kräfte gegen Ungeziefer wie Mäuse, Raupen und Engerlinge etc. zu. Sein Stab, der diese Kräfte bis heute besitzen soll, wurde im 16. und 17. Jahrhundert oftmals bei Ungezieferplagen ausgeliehen. An das Kloster und einen fränkischen Reichshof lehnte sich bald eine Ansiedlung, die im

Rechte Seite: Blick über den Lech auf die Altstadt von Füssen mit dem „Hohen Schloss".

frühen 13. Jahrhundert unter den Staufern zur Stadt aufstieg. 1313 wurde die Stadt an das Bistum Augsburg verpfändet, wo sie bis zur Säkularisation verblieb. In einer Urkunde aus dem 13. Jahrhundert taucht bereits der Name „Fuozzen“ auf, der dem Wort Füssen schon ziemlich nahe kommt. Manche Forscher glauben, dass dem die Bedeutung „zu Füßen des Gebirges“ zugrunde liegt.

1322 bauten die Augsburger Bischöfe das heutige Hohe Schloss. Durch die günstige Lage an der alten Römerstraße Via Claudia Augusta entwickelte sich Füssen schon früh zu einem wichtigen Handelsort. Im 15. Jahrhundert lebte der Füssener Lauten- und Geigenbau auf, der bis ins 19. Jahrhundert hinein eine nicht geringe wirtschaftliche Bedeutung für die Stadt besaß. Trotz der starken Befestigungen wurde der Ort immer wieder erobert und besetzt, so auch im Dreißigjährigen Krieg (1618-48). 1803 kam Füssen zu Bayern.

Füssen mit seinen ca. 13000 Einwohnern ist die südlichste der bayerischen Lechstädte und zugleich Endpunkt der „Romantischen Straße“, die über Landsberg am Lech bis nach Würzburg führt. Auch der „König-Ludwig-Fernwanderweg“ von Berg am Starnberger See, wo der Märchenkönig unter ungeklärten Umständen ums Leben kam, endet hier.

Nicht ohne Grund fühlten sich schon die bayerischen Könige zu dieser mit Seen, Bergen und Wäldern reich ausgestatteten Landschaft besonders hingezogen. Hier bauten sie die schönsten Sommersitze und Märchenschlösser. Der vom Lech durchflossene Forggensee ist der größte einer Reihe von Seen (Bannwaldsee, Hopfensee, Weißensee u. a.) in der Umgebung und der einzige, der künstlich angelegt wurde. Segler und Surfer kommen hier voll auf ihre Kosten. Wer es gemütlicher haben will, dem bietet sich eine reizvolle Bootsfahrt mit der Forggenseeschifffahrt an. Den gebirgigen Hintergrund in der Region geben die Tannheimer, Lechtaler und Ammergauer Alpen ab.

Nähert man sich Füssen von Norden, von der Lechbrücke her, erschließt sich das historische Ortsbild, beherrscht von Burg und Klostergebäude, besonders eindrucksvoll.
Zwei parallel verlaufende Hauptstraßen, die in der Zeit des Italienhandels entstanden, durchziehen die historische Altstadt. Seine

Die beiden Seiten zeigen einige Bilder der hübschen Stadt Füssen.

Schloss Hohenschwangau, eingerahmt von hohen Bergen.

Blütezeit erlebte Füssen im 15. und 16. Jahrhundert als Stapelplatz für die Waren aus diesem Handel. In der Fußgängerzone vermitteln viele erhaltene Bürgerhäuser noch den Wohlstand jener Zeit.

Als Ausgangspunkt für einen Rundgang bietet sich die Stadtpfarrkirche St. Mang an. Schon von der Lechbrücke aus kann man erkennen, dass die Kirche in einen riesigen barocken Klosterkomplex eingebunden ist. Nur der Kirchturm blieb mittelalterlich. Er allein entging umfassenden Umbaumaßnahmen (1710-1717) unter Leitung des Landsbergers Johann Jakob Herkomer, der sich dabei als Architekt, Freskant und Stuckateur gleichzeitig betätigte. Betritt man das Kircheninnere, werden italienische, vor allem venezianische Vorbilder augenscheinlich. Die Attraktion jedoch ist der Freskenzyklus mit Motiven aus dem Leben des hl. Magnus, den Herkomer selbst malte. Am Westende der Kirche gelangt man in die Krypta, wo hinter einem Eisengitter der Zugang zur Magnuskapelle liegt. Dort fanden die Reliquien des Kirchengründers ihre letzte Ruhestätte. Im großen Klostergebäude der Benediktiner sind nur wenige Räume der Öffentlichkeit zugänglich. Die Bibliothek und ein kuppelgekrönter ovaler Saal mit Fresken von Francesco Bernardini gehören dazu. In den ehemaligen Konventsgebäuden befindet sich das Museum der Stadt Füssen, in dem 1200 Jahre Klostergeschichte erläutert werden.

Unbedingt besuchen sollte man auch das „Hohe Schloss“, das Herzog Ludwig von Bayern 1269 zur Grenzsicherung neben dem Kloster errichten ließ. An den Befestigungen entlang führt ein Weg hinauf zu diesem Musterbeispiel mittelalterlichen Burgenbaus. Der Grundriss ist unregelmäßig, dem abschüssigen Gelände des Hügels angepasst. Gut zu erkennen sind im Nordwestflügel der Wehrgang und die voneinander getrennten Wohn- und Wehrbereiche. Der Steilhang an dieser Seite sollte die Burg uneinnehmbar machen. Als sie 1322 in den Besitz des Augsburger Bischofs überging, hatte sie keine einzige kriegerische Auseinandersetzung erlebt. So lag es nahe, die Burg in ein wohnliches „Hohes Schloss“ umzuwandeln, was die Augsburger 1500 ins Werk setzten. Dabei entstand die Fassadenmalerei, die auf ansprechende Weise Erker und Ziersteine imitiert. Im Nordwestteil des Gebäudes befindet sich das „Museum Staatsgalerie im Hohen Schloss“ mit einer sehenswerten Sammlung von spätgotischen Skulpturen und Malerei aus dem schwäbisch-bayerischen und Allgäuer Raum. Höhepunkt ist der Rittersaal mit einer prächtigen Holzkassettendecke von 1500.

Schloss Neuschwanstein, mittelalterliche Burg und Traumschloss zugleich.

Rechte Seite: Der Alpsee.

Kirche St. Koloman mit Löwenzahnwiese.

Rechte Seite: Im Alpsee spiegelt sich das romantische Schloss Hohenschwangau.

Schloss Hohenschwangau

Wenige Kilometer nordöstlich von Füssen beginnt das Gemeindegebiet von Schwangau.
Es ist ein altbesiedeltes Gebiet, wie Funde aus der Mittelsteinzeit, Ausgrabungen aus der Römerzeit und alemannische Reihengräber bezeugen.

Die mittelalterliche Herrschaft Schwangau war ursprünglich Welfenbesitz, der 1191 an die Staufer und an das Reich fiel. Bis gegen Ende des 15. Jahrhunderts herrschten die Ritter von Schwangau über das Land. Sie besaßen mehrere Burgsitze, zu denen unter anderen die Burg Schwanstein, in späterer Zeit Hohenschwangau genannt, gehörte.
1525 erwarb der Augsburger Kaufmann Johann Baumgartner die heruntergekommene Burg und ließ sie mit Hilfe des italienischen Architekten Lucio di Spazzi bis zum Jahr 1547 neu instand setzen. Während der Napoleonischen Kriege wurde die Burg erneut schwer beschädigt, 1832-37 aber als Sommersitz des Kronprinzen und späteren Königs Maximilian von Bayern nach Entwürfen des Theatermalers Domenico Quaglio im englischen Tudorstil wieder errichtet. Die hervorragende Innenausstattung des Schlosses Hohenschwangau birgt in den Sälen unter anderem prächtige Wandmalereien mit Themen aus dem Ritterleben und der Sagenwelt, vorwiegend gestaltet nach künstlerischen Vorgaben des Malers und Graphikers Moritz von Schwind von 1835-36. Ziel der Innenausstattung war es, die mit diesem Ort verbundenen geschichtlichen Erinnerungen und Sagen lebendig zu erhalten. Die Themen der Wandbilder bestimmte der König selbst. Als Quaglio 1837 starb, wurde mit Johann Daniel Ohlmüller eine weitere Kapazität zum Schlossbauleiter berufen. Nach nur zweijähriger Tätigkeit verstarb auch er. Unter seinem Nachfolger Georg Friedrich Ziebland entstand 1851-53 noch der „Kavaliersbau".
Ein kompakter Bau mit Zinnenkranz und Ecktürmen in der Art einer mittelalterlichen Burganlage – vom 19. Jahrhundert romantisch verklärt – so präsentiert sich das Schloss Hohenschwangau bis heute. Ein steil ansteigender Fahrweg zieht von dort hinauf zum berühmtesten und meistbesuchten aller deutschen Schlösser, dem märchenhaften, im neuromanischen Stil erbauten Schloss Neuschwanstein.

Schloss Neuschwanstein

Vor der Felsflanke des Säulings auf einem bewaldeten Felssporn 200 Meter über der Pöllat-Schlucht thront das weltberühmte „Märchenschloss", das König Ludwig II. ab 1869 errichten ließ. Der weltentrückte König wollte mit dieser Burg die Bühnenwelt Richard Wagners Realität werden lassen. Sie sollte, wie er an Wagner schrieb, „im echten Styl der alten deutschen Ritterburgen" gebaut werden und „Reminiscenzen aus Tannhäuser und Lohengrin" enthalten. Die Ideen des Königs wurden vom Bühnenmaler Christian Jank in zeichnerische Entwürfe umgesetzt, für die Ausführung war Hofbaurat Eduard Riedel verantwortlich.
Am 5. September 1869 erfolgte die Grundsteinlegung der neuen Burg.

Die von mehreren Türmen flankierte, großräumige Schlossanlage mit Ritterhaus, Kemenate und mächtigem fünfgeschossigem Palais war 1886, als der König unter mysteriösen Umständen im Starnberger See ertrank, noch nicht vollendet. Erst Julius Hofmann brachte das Bauvorhaben in den nachfolgenden fünf Jahren zum Abschluss.

Nicht nur die Lage und äußere Gestaltung des Schlosses, auch die Innenausstattung wirkt faszinierend auf die vielen Besucher. Prunkvoll ausgestattet sind die königlichen Privatgemächer im 3. und 4. Stockwerk des Palais und die Repräsentationsräume, der über zwei Stockwerke reichende Thronsaal im byzantinischen Stil und der 27 m lange und 10 m breite Sängersaal, der der Sänger-

halle der Oper Tannhäuser nachgebaut ist. Zu den prächtigen Dekorationen der Räume gehören unter anderem Wandbilder mit Motiven aus Tristan, Lohengrin und anderen Wagner-Opern, kostbare Holzvertäfelungen und Holzdecken. Das Speisezimmer wurde mit Motiven aus dem Sängerkrieg auf der Wartburg ausgestaltet. Eine besondere Bedeutung maß der König der Ausstattung der Schlafzimmer seiner Schlösser bei.
Der Waschtisch „Schwanenbrunnen" in Neuschwanstein verdeutlicht beispielhaft die Ansprüche des Königs an seine Domizile: Die reiche Bekrönung einer Art Baldachin besteht aus ausschwingenden Eselsrücken mit Blattwerk und Kreuzblumen. Auf den vorderen Eckpfosten stehen Schwäne mit ausgebreiteten Flügeln. In die dunkelblaue Marmorplatte des Waschtisches selbst ist eine kippbare silberne Waschschüssel eingelassen. Der in versilberter Bronze gearbeitete Wasserspender hat die Gestalt eines Schwanes. Eine Waschgarnitur mit Wasserbehälter und Schwammbehälter besteht aus vergoldeter Bronze...

König Ludwig II. bewohnte sein unvollendetes Märchenschloss erstmals von Mai bis Juni 1884 und insgesamt nur 172 Tage. Am 12. Juni 1886 trat er, für geisteskrank erklärt, von hier aus seine letzte Reise nach Schloss Berg am Starnberger See an, wo er einen Tag später zusammen mit seinem Leibarzt Dr. Gudden tot im Wasser treibend aufgefunden wurde.
Kaum ein Monarch, zumindest in deutschen Landen, ist über den Tod hinaus so bekannt geblieben wie König Ludwig II. von Bayern. Erst 18-jährig trat er nach dem überraschenden Tod seines Vaters 1864 dessen Nachfolge als König von Bayern an. Ludwig war über 1,90 Meter groß, gutaussehend, hatte schwarz gelocktes Haar, wirkte melancholisch, majestätisch, unnahbar. Die Liebe seiner Untertanen erwiderte er nicht, zog sich vielmehr aus Politik und Gesellschaft immer mehr zurück, um sich ausschließlich seinen bombastischen Bauvorhaben zu widmen.

Seine Schlossbauten hatte er zunächst aus der Privatschatulle zu finanzieren, wozu die Mittel natürlich bei weitem nicht ausreichten. Reichskanzler Bismarck gewährte wiederholt großzügige Kredite, aber nicht ohne Hintergedanken. Noch 1866 hatten die Bayern am Krieg gegen Preußen teilgenommen, aber schon bald darauf stimmte König Ludwig der Proklamation des Preußenkönigs zum Deutschen Kaiser zu. Obwohl ihn sein Bruder Otto anflehte, dem damit verbundenen Anschluss Bayerns an das von Preußen regierte Reich nicht zuzustimmen, konnte Ludwig nicht mehr zurück. Zu tief war er bereits in die Abhängigkeit von Bismarck verstrickt. Vollends zum Mythos wurde der König durch seinen bis heute rätselhaften Tod im Starnberger See am 13. Juni 1886. Keine zwei Monate danach wurden seine Schlösser zur öffentlichen Besichtigung freigegeben. Damals ahnte wohl niemand, dass allein das Schloss Neuschwanstein einmal mehr als 1 Million Besucher pro Jahr aus aller Welt anziehen würde.

Blick vom Tegelberg auf den Königswinkel mit Schloss Hohenschwangau und dem Alpsee sowie Schloss Neuschwanstein. Die Stadt Füssen liegt vor der Kulisse der Tannheimer Berge.

Linke Seite: Schloss Neuschwanstein im Frühling mit dem schneebedeckten Säuling.

Oben:
Zwei Bilder vom Musical-Theater Neuschwanstein am Forggensee mit Blick auf das Traumschloss von Ludwig II.

Hotel Hirsch in Füssen mit dem Tegelberg.

Rechte Seite:
Schloss Neuschwanstein mit dem Forggensee, der durch die Lechstaustufe entsteht.

Wasserspeiender Trompetenengel.

Schloss Linderhof

Das Schloss Linderhof liegt in abgeschiedener Lage im Graswangtal. Die Straße dorthin zweigt von der Strecke Oberau (9 km nördlich von Garmisch-Partenkirchen) nach Oberammergau, kurz nach der Ortschaft Ettal ab. Von Füssen her ist das Tal über Reutte (Tirol) und den Ammersattel erreichbar.

Ein Besuch in Versailles im Jahr 1867 erweckte in König Ludwig II. den Wunsch, sich ein eigenes „neues Versailles“ bauen zu lassen. Da sein Vater im Graswangtal einen Jagdstützpunkt besaß, war die Gegend Ludwig von Jugend an vertraut. In seinem Auftrag entwarf der Architekt Georg Dollmann 1868/69 sieben Entwürfe für das „neue Versailles“ in Linderhof. Der Bau wurde jedoch ebenso wenig realisiert wie ein riesiger byzantinischer Palast, den der König dort errichten lassen wollte. Heraus kam schließlich eine „Königliche Villa“, die als Bautypus unter den Königsschlössern einzigartig blieb. Ein Jahr nach der Grundsteinlegung des Schlosses Neuschwanstein wurde mit dem Bau begonnen (1870). Als drittes Bauprojekt war zur gleichen Zeit noch das „Bayerische Versailles“ auf der Herreninsel im Chiemsee im Entstehen.

So wie Neuschwanstein den König in die mittelalterliche Sagenwelt der Niebelungen entrücken sollte, hoffte er hier Erholung von den für ihn strapaziösen Regierungsgeschäften zu finden. Immer mehr im Laufe seines Lebens zog der König bekanntlich die Waldeinsamkeit der menschlichen Gesellschaft vor. Schloss Linderhof ist das kleinste von Ludwigs Bauprojekten und das einzige, das noch zu seinen Lebzeiten fertig gestellt wurde.

Da die Eisenbahn damals in Weilheim endete, mussten alle Materialien von dort mühselig ins Graswangtal geschafft werden. Trotz der widrigen Umstände wurde der Bau nach dem Willen des Königs schnellstmöglich vorangetrieben. 1874 bekam das Schloss durch den Einbau des Vestibüls und des Treppenhauses in den Hof sowie des Spiegelsaals und der Gobelinzimmer sein heutiges Aussehen. Der bisher hölzerne Außenbau wurde mit Steinfassaden umgeben. Die Entwürfe für die Innenausstattung im Stil des „zweiten Rokoko“ wurden weitgehend von Franz Seitz und Christian Jank ausgearbeitet, die mit den Privatvorstellungen des Königs bereits vertraut waren. 1878 waren die Arbeiten vollendet und das Schloss bezugsfertig.

Zwar überwiegt in Linderhof der private Charakter, auf repräsentative Räumlichkeiten und Ausstattung legte der König aber natürlich auch hier Wert. Im Foyer fällt der Blick der Besucher als erstes auf ein gegossenes Reiterstandbild Ludwigs XIV. Der französische „Sonnenkönig“ oder „Gottkönig von Versailles“ mit seinem absolutistischen Herrschaftsanspruch war das große Vorbild Ludwigs. Das prunkvoll ausgestattete Linderhofer Audienzzimmer demonstriert unmissverständlich, dass es sich hierbei um das Arbeitszimmer eines Königs handelte.

Mit das Üppigste, was im Rokoko je erdacht wurde, stellt der überschwängliche Stuck im Spiegelsaal dar. Die großen Spiegel an den Wänden vervielfältigen den Prunk und lassen den Raum größer erscheinen, als er in Wirklichkeit ist. Je nach Standpunkt des Betrachters erscheint nicht nur ein Kristallllüster in der Mitte des Raumes, sondern plötzlich zwanzig und mehr. Der größte Raum im Obergeschoss ist das Königliche Schlafzimmer mit dem vielbestaunten blauen Himmelbett. Die Hauptattraktion ist aber sicherlich das „Tischlein-deck-dich“ im Speisesaal. Mittels eines raffinierten Gestänges konnte dort der Esstisch in den Boden zur Küche versenkt werden und mit den Speisen beladen wieder auftauchen. Offenbar wollte der König nicht einmal beim Essen in seiner Menschenferne gestört werden.

Zu den bedeutendsten Gartenanlagen des 19. Jahrhunderts sollte der Park um Schloss Linderhof geraten, den der Hofgartendirektor Effner plante und bis 1880 vollendete. Die im Kern streng gegliederte, 50 ha große Anlage geht über einen ausgedehnten Land-

Rechte Seite:
Schloss Linderhof mit seiner dem Gelände angepassten Parkanlage.

Der Liebestempel und der Maurische Kiosk.

Rechte Seite: Die Hauptfassade des Schlosses.

schaftsgarten kaum merklich in die umgebenden Bergwälder über. Eine Wasserfontäne von 32 Meter Höhe ist das erste, was man von Schloss Linderhof aus der Entfernung zu sehen bekommt. Sie schießt zwischen vergoldeten Wassernymphen aus einem Becken empor, das Teil der großzügigen Gartenanlagen vor dem Schloss ist. Genau gegenüber kann man über kunstvoll gestaltete Treppen, vorbei an Grotten und Skulpturen zum Apollotempel hinaufwandern. Das von zierlichen Säulen getragene, dem Monopteros im Englischen Garten in München ähnliche Gebäude ist auf einem natürlichen Hügel erbaut und bietet eine umfassende Aussicht über den Park auf die Schlossanlage.

Am Ende des symmetrisch angelegten Gartens auf der Nordseite führt ein Laubengang zu einer „Trauminszenierung" des Königs: der Venusgrotte. Auf einem unterirdischen See, dessen Wasser von einer Wellenmaschine bewegt wurde, ließ sich der König in einem Muschelboot umherrudern. Ein buntes Lichterspiel, das die Tropfsteinhöhlen, Inselchen und Skulpturen in allen Farben erscheinen ließ, erhöhte die phantastische Stimmung. Auf künstliche Weise ließ sich sogar ein Regenbogen hervorzaubern. Am liebsten hätte Ludwig darin Wagners „Tannhäuser" aufführen lassen, was aber die schlechte Akustik verhinderte. Die Venusberg-Höhle aus dieser Oper ist jedenfalls das Vorbild dieser Grotte. Etwas weiter oben im Park steht noch eine weitere Attraktion: der „Maurische Kiosk", den der König auf der Pariser Weltausstellung 1876 erwarb und nach einigen kostspieligen Veränderungen hier aufstellen ließ. Besonderer Schmuck des arabeskenverzierten Pavillons ist der 1877 von Franz Seitz entworfene Pfauenthron. Die Pfauen sind bunt emailliert, die Federn der Schweifräder mit bunten Glassteinen aus dem Böhmerwald besetzt. In lauen Sommernächten pflegte der König hier seine Wasserpfeife zu schmauchen.

Die Wieskirche

Vollendete Rokokokunst von Johann Baptist Zimmermann.

Rechte Seite: In der Wieskirche.

Die Wieskirche

„Pfaffenwinkel" wird der Landstrich zwischen Lech und Ammer wegen der vielen Klöster und Kirchen, die hier zu besichtigen sind, auch genannt. „Pfaffe" für Geistlicher oder Priester: die Bezeichnung klingt für heutige Ohren etwas abfällig. So war das aber nicht gemeint, als die Gegend 1756 erstmals so bezeichnet wurde. Ohne die Geistlichen wäre diese Gegend (wie ganz Bayern) heute nicht, was sie ist. Geistliche waren es, die prunkvolle Bauten errichten ließen, aber nicht nur das: für Schulen, Wissenschaft und Kunst sorgten sie ebenso wie für die Nutzbarmachung von Grund und Boden. Sie waren die Begründer und Förderer der Kultur. Benediktiner, Augustiner, Prämonstratenser, Franziskaner, Dominikaner und Karmeliter, kaum ein Orden, der nicht vertreten gewesen wäre. Im friedlichen Nebeneinander bauten sie ihre Klöster und Kirchen, von denen die Wieskirche die berühmteste wurde.

12 Kilometer südwestlich von Rottenbuch in einem Wiesengrund vor der Kulisse der Trauchberge liegt die „Wallfahrtskirche zum Gegeißelten Heiland", vom Volksmund kurz „die Wies" genannt. Die Gründung der Kirche geht zurück auf ein hölzernes Bildwerk des gegeißelten Christus, das Mönche des Klosters Steingaden 1730 für die Karfreitagsprozession gefertigt hatten. Einige Jahre später landete es auf dem Dachboden einer Gastwirtschaft, wo es Maria Lory, die „Bäuerin auf der Wies" entdeckte und zum Zwecke der Verehrung mit nach Hause nahm. Als sie am 14. Juni 1738 im Gesicht des Gegeißelten Tränen gesehen zu haben glaubte, wurde das als Wunder gedeutet, und sogleich pilgerten Wallfahrer in Scharen dorthin. Eine kleine Kapelle und ein hölzernes Langhaus reichten für den Besucherandrang bald nicht mehr aus, weshalb sich der Abt von Steingaden zum Bau einer großen Wallfahrtskirche entschloss. 1745 erfolgte die Grundsteinlegung. Die Anfertigung der Pläne und die Aufsicht über die Ausführung der Bauarbeiten oblag Dominikus Zimmermann, die Gestaltung des Innenraums seinem Bruder Johann Baptist.

Die Brüder Zimmermann waren Söhne eines Stuckators in Gaispoint, das später in Wessobrunn aufging. Beide lernten hier das Stuckatorenhandwerk, beide zog es – anders als die meisten Wessobrunner – bald danach fort. Als herausragende Talente der späten Barockzeit gingen sie ihre eigenen künstlerischen Wege, die sich bei einigen Arbeiten berührten und ergänzten, bis sie, älter geworden und im Zenit ihres Könnens, in der Wieskirche die Rokokokunst zur Vollendung führten. Johann Baptist durch ein Dekorationssystem, das nicht nur schmückte, sondern Architektur, Malerei und Plastik eine perfekte Verbindung und Verschmelzung eingehen ließ, Dominikus durch eine völlig unkonventionelle und vergleichslose Raum- und Lichtlösung, die den Himmel scheinbar in den Kirchenraum transponierte. Der Formenreichtum des Stucks und die Üppigkeit der Bemalung und Vergoldung suchen ihresgleichen.

Nach der feierlichen Weihe der Kirche (1754) zog Dominikus Zimmermann in das Haus nebenan, sein Sohn heiratete die ver-

Spende für die Führung
Danke

Oberammergau

witwete Wiesbäuerin. Dort lebte er bis zu seinem Tod in „seiner" Kirche 1766 noch zwölf Jahre. Sein Grab befindet sich im Kloster Steingaden. Sein Bruder Johann Baptist überlebte die Weihe der „Wies" nur vier Jahre. Er starb in München, wo er auf dem Friedhof St. Peter seine letzte Ruhestätte fand. 1988 hatten die Schall- und Druckwellen vorbeidonnernder Düsenjäger die Wieskirche so geschädigt, dass sie für drei Jahre, bis 1991, gesperrt werden musste. Nach umfangreichen Restaurierungsarbeiten ist das „bayerische Rokoko-Juwel im Pfaffenwinkel" nun wieder täglich zwischen 8 und 18 Uhr geöffnet. Die UNESCO erhob die Kirche, die mit zu den Hauptwerken des deutschen Rokokos überhaupt zählt, zum Weltkulturerbe.

Oberammergau

In dem Ort mit seinen 5000 Einwohnern trifft man auf viele urbayerische Traditionen: Passionsspiele und Lüftlmalerei, Herrgott-Schnitzer und Kraxentrager vor dem Hintergrund des Ammergebirges mit den Hausbergen Kofel und Laber führen in der Hauptsaison regelmäßig dazu, dass man eher mehr Touristen als Einheimische antrifft. Das bäuerliche Ortsbild mit den schönen Fassadenmalereien und blumengeschmückten Balkonen blieb dennoch weitgehend intakt. Über die Grenzen Bayerns hinaus bekannt wurde der Ort durch seine Passionsspiele. Als 1633 die Pest über den Ort kam, legten die Oberammergauer das feierliche Gelübde ab, alle zehn Jahre die Leidensgeschichte Christi als Theater aufzuführen, wenn sie nur in Zukunft verschont blieben. Dieses fromme Versprechen haben sie eingehalten und es wurde zu einem Riesenspektakel. Mehr als 1000 Dorfbewohner stehen dann als Laiendarsteller auf der Bühne des 5000 Zuschauer fassenden Passionstheaters. Während der Spielzeit beherbergt Oberammergau ein internationales Publikum, der nächste Termin ist 2010.

Oberammergau war die Heimat des Begründers der Lüftlmalerei Franz Seraph Zwinck

Geburtshaus von Ludwig Thoma.

Scheinarchitektur durch Lüftlmalerei.

(1748-92), der sein Leben lang hier ansässig blieb. Nirgends außer in Mittenwald begegnet man dieser alpenländischen Besonderheit so häufig wie hier. Lüftlmalerei: das bedeutet das bunte Bemalen von Häuserfassaden. Mit frischer Luft – wie man anzunehmen geneigt ist – hat die Bezeichnung übrigens nichts zu tun. Sie geht vielmehr zurück auf ihren Begründer Zwinck, der im Haus „Zum Lüftl" wohnte. Die Idee, in den noch feuchten Kalkputz zu malen, die sogenannte Fresko-Technik, ist von der italienischen Renaissance bekannt. Man hatte herausgefunden, dass sich die Farbpigmente beim Trocknen besonders gut mit dem Putz verbinden und die Malereien so besonders haltbar wurden. Dennoch: spurlos gingen die Zeiten nicht vorbei an den Fassadenbildern von Oberammergau. Durchwegs wurden sie im Lauf der Jahre aufgefrischt und restauriert. Die Werke sind nicht nur bunt und unterhaltsam anzusehen, sie ergänzen darüber hinaus die Architektur. Türen und Fenster sind in die künstlerische Gestaltung so einbezogen, dass eine Scheinarchitektur entsteht. Gemalte Erker, Fenstersimse und andere Details erscheinen plastisch, als wären sie gemauert. An glatten Mauern alter Bauernhäuser entstanden von Säulen getragene Terrassen und kühn geschwungene Freitreppen, die zu einem Schloss gehören könnten. Ganze Bilderbücher entstanden an den Häuserfassaden mit Szenen aus dem ländlichen Leben vom Kindes- bis zum Greisenalter. Da sieht man Bauern und Bäuerinnen in ihrer Festtagstracht oder im Haus bei allerlei Arbeiten, fleißige Knechte und Mägde beim Brotzeitmachen, Burschen, die zum „Fensterln" gehen und Mädchen, die sich herausputzen, um einen Hochzeiter zu finden. Holzknechte und Wilderer, Jäger und Grafen, sie alle kommen in der Lüftlmalerei vor.

Eine weitere Kunstform ist typisch für den Passionsspielort: seit mehr als 1000 Jahren wird die Holzschnitzerei gepflegt. Das Rohmaterial fand sich in Hülle und Fülle in den umliegenden Wäldern. Ausgehend von Gebrauchsgegenständen aller Art wagten sich die besonders Geschickten an Darstellungen religiöser Figuren (Madonnen, Kruzifixe, Krippen etc.). Die Schnitzwerke, die zunächst als Andenken für Ettaler Wallfahrer

gedacht waren, wurden für viele zur Existenzgrundlage. Die „Herrgott-Schnitzer von Oberammergau“ entwickelten sich zu einem angesehenen Berufsstand. Im 18. Jahrhundert traten ihnen die Fassmaler zur Seite, die den Schnitzwerken die farbige Fassung gaben. Um die kostbaren Stücke zu verkaufen, mussten die Oberammergauer, Hausierern gleich, mit Rückentragen („Kraxen“) von Ort zu Ort gehen. Am Ortseingang steht ein Denkmal für die „Kraxentrager“, die einmal in ganz Mitteleuropa unterwegs waren. Die Holzschnitzerei dient vielen Oberammergauern heute noch als Broterwerb. Der Nachwuchs wird in der „Fachschule für Holzschnitzerei“ ausgebildet. Wer nicht freischaffender Holzbildhauer wird, findet Arbeit in einem der örtlichen Betriebe. Das Heimatmuseum bietet Gelegenheit zur Betrachtung großartiger Schnitzkunstwerke.

Kloster Ettal

Südöstlich von Oberammergau liegt die beeindruckende Klosteranlage Ettal. Zwei- bis dreistöckige Gebäude umrahmen im Viereck die imposante Benediktinerklosterkirche mit ihrer weithin sichtbaren Kuppel von 25 Meter Durchmesser und 60 Meter Höhe. Wie diese war schon der Gründungsbau aus dem Jahr 1330 in Anlehnung an die Zahlensymbolik des Templerordens zwölfeckig angelegt. Seine Entstehung verdankt er einem Gelübde, das Kaiser Ludwig IV. der Bayer (1314-47) in Italien ablegte. Wegen der schlechten Finanzlage im Reich war er zum Papst berufen worden, der sich umgehend befleißigte, den Kaiser auch noch mit dem Kirchenbann zu versehen. Als Ludwig nicht mehr recht daran glaubte, jemals wieder in seine Heimat zurückkehren zu können, vertraute er auf die Weisung Gottes und erhielt entsprechende Zeichen. Auf einer Handels- und Heerstraße gelang der beschwerliche Rückweg über die Alpen. Als sein Pferd in Ettal dreimal in die Knie ging, sah er es als Zeichen, hier sein Versprechen einzulösen, und so kam es – zumindest der Überlieferung nach – zum Bau des Klosters nach dem Vorbild des Templerordens. Nebenbei kursieren über die Klostergründung noch einige andere Sagen und Legenden, wie auch immer: Die Lage Ettals an einer wichtigen Handelsstraße von Italien über Mittenwald nach Schwaben machte den Ort auch aus politischen und wirtschaftlichen Gründen interessant.

Deckenfresko der Kuppel in der Klosterkirche.

Nach ersten Umbaumaßnahmen in der Mitte des 15. Jahrhunderts beauftragten die Benediktiner 1710 den italienischen Baumeister Enrico Zucalli, der sich als Hofarchitekt in München schon mit Bauten wie Nymphenburg und Schleißheim einen Namen gemacht hatte, mit dem Neubau der Anlage, der allerdings bereits 1744 einem Brand zum Opfer fiel.

Nach dem Tod Zucallis beendete Joseph Schmuzer aus Wessobrunn den Bau nach den Plänen seines Vorgängers. Vor dem Hintergrund der Säkularisation 1803 wurden die Mönche aus dem Kloster vertrieben und

Das riesige Kloster Ettal, eingebettet in die anmutige Landschaft.

weite Teile der Gebäude verwüstet. Erst hundert Jahre später erstand die Benediktinerabtei von Scheyern aus wieder neu. Vom ursprünglich gotischen Bau ist somit fast nichts mehr erhalten, die Bauten in ihrer heutigen Form entstanden ab 1900.

Betritt man das Innere der Kirche, so erscheint ihre Kuppel noch mächtiger und größer, als sie von außen den Eindruck erweckt. Zu dem farbenprächtigen Deckenfresko mit mehr als 400 Figuren, an dem Jakob Zeiller ab 1748 drei Jahre lang arbeitete, kam 1769 das Fresko der Chorkuppel von Martin Knoller, das Christus und die Heiligen des Alten Bundes zeigt.

Der Hochaltar gilt der Himmelfahrt Mariens. Dort ist auch das Gnadenbild, eine kleine Madonna aus weißem Marmor aus dem Reisegepäck Ludwigs des Bayern, als er aus Italien kam, aufbewahrt.

Die riesigen Ausmaße der Kirche lassen darauf schließen, dass die Benediktiner sehr finanzkräftig waren. Dem Abt, der dank vom Kaiser verliehener Rechte wie ein Landesfürst regierte, floss das Geld von abgabepflichtigen Untertanen und aus Grundbesitz zu. Im 17. Jahrhundert traten viele wohlhabende Sprösslinge der Wittelsbacher dem Kloster bei. Heute finanziert sich Ettal durch die eigene Brauerei, ein Hotel in der Nähe und die vorzüglichen Liköre aus eigener Herstellung nach einem alten Rezept aus der Klosterapotheke. Im Kloster befindet sich heute ein hoch angesehenes humanistisches Knabengymnasium.

Das Werdenfelser Land

Blick auf Alpspitze und Zugspitze

5. Das Werdenfelser Land

Geographisch umfasst das Werdenfelser Land den Raum unterhalb der Zugspitze mit Garmisch-Partenkirchen, Mittenwald, Oberammergau bis hin nach Murnau.
Die natürlichen Grenzen bilden im Süden das Wettersteingebirge mit der Zugspitze und ihrer „Schwester", der Alpspitze, im Südosten das sich weit ins Tirolerische hineinziehende Karwendelgebirge und im Westen das Ammergebirge.

Mittelpunkt ist Garmisch-Partenkirchen. Das weite, von der Loisach durchflossene Tal zwischen den Wächtern Kramer (1918 m) und Wank (1780 m) war wegen seiner verkehrsgünstigen Lage früh besiedelt. Schon die Handelsstraße der Römer über die Alpen nach Augsburg führte von Innsbruck über den Scharnitzpass durch den Ortsteil Partenkirchen und weiter nach Norden durch das Tal in Richtung des Alpenvorlands. Den wiederentdeckten Spuren der Römerstraße folgte im Mittelalter der „Rottverkehr", doch davon später. Die Orte nah oder unmittelbar an der Straße – Mittenwald, Partenkirchen (nicht Garmisch), Ettal, Oberammergau, Murnau – erfuhren durch den Handel jedenfalls einen ungeheuren Aufschwung. Da es in Isar und Loisach überdies günstige Wasserwege besaß und die Wälder holz- und wildreich waren, galt das Werdenfelser Land seit jeher als „Goldenes Landl".
Die Handelsroute von Venedig zu den florierenden Reichsstädten Nürnberg und Augsburg war so bedeutsam, dass im 15. Jahrhundert sogar der Bozener Markt nach Mittenwald verlegt wurde. Mit dem Dreißigjährigen Krieg (1618-48) kam das Ende der Prosperität. Danach war das abgeschiedene Land nur dünn besiedelt. Lediglich Bergbauern, Holzknechte und Jäger fanden in der unwirtlichen Gegend bescheidene Existenzgrundlagen. Heute lebt die Region in erster Linie vom bestens organisierten Fremdenverkehr.

Rechte Seite: Der malerische Rissersee mit Zugspitze und Alpspitze. Der markante Gipfel vor der Zugspitze ist der Waxenstein.

Rechte Seite:
Zentrum von Garmisch.

Seinen Namen hat das Land von der längst verfallenen Burg Werdenfels.

Burg Werdenfels

Nach dem Niedergang der Welfen wurden die Bischöfe von Freising am Ende des 13. Jahrhunderts die Landesherrn im Werdenfelser Land. Mit dem bloßen Auge sind sie kaum noch zu erkennen, die Mauerreste der Burg Werdenfels (wahrscheinlich von „Wehr den Fels“ im Sinne einer Verteidigung) bei Farchant, kurz vor Garmisch. Von hier aus wurde die reichsunmittelbare Grafschaft (d. h. sie war als ein eigenständiges Land im verfassungsrechtlichen Sinn nur dem Kaiser unterstellt) verwaltet. Da die Freisinger Bischöfe, denen das Land gehörte, nicht selbst anwesend sein konnten, setzten sie Pfleger ein, die auf der Burg residierten.

Nicht selten ergaben sich Streitigkeiten mit den umliegenden Klöstern, die Gebietsansprüche stellten, um am Reichtum des Landes teilhaben zu können. Dabei blieb es. In kriegerische Auseinandersetzungen oder Belagerungen wurde die Burg nicht verwickelt, zumindest finden sich in den Chroniken keine Hinweise darauf. Bis zur Säkularisation 1803 blieben die Freisinger Bischöfe die Landesherren, danach kam das Werdenfelser Land zum gerade entstandenen Königreich Bayern.

Hexenverbrennungen im Werdenfelser Land

1528 ermahnte der Bischof Philipp von Freising die Adeligen und das Bürgertum im Werdenfelser Land, ihm und dem Katholischen Glauben treu zu bleiben. Seine Angst, dass es hier so kommen könnte wie vielerorts im Reich, wo sich immer mehr Menschen aus allen Ständen und Zünften der Ketzerlehre des Protestantismus zugewandt hatten, war wohl nicht unberechtigt.

Aber die Werdenfelser blieben ihrem Bischof treu. Und nicht nur das: Die Loyalität zur Kirche und zum Klerus schlug um in einen religiösen Fanatismus, der schlimmer hätte nicht sein können. Angestachelt von den Geistlichen Herren steigerte sich die Volksseele in den Irrwahn, alles was schief ging den sogenannten Hexen zuzuschreiben. Die Hexenverfolgung wurde zu einem schwarzen, blutigen Kapitel des Werdenfelser Landes. Gab es ein Unwetter mit Hagelschlag, traten die Flüsse über die Ufer, verendete aus unerklärlichen Gründen ein Stück Vieh oder starb gar ein Kind, natürlich konnte nur Hexerei im Spiel sein. Unbescholtene Frauen

Herrlich bemalte Hausfassaden zeigen das Leben der damaligen Zeit.

P
HOTEL
Aschenbrenner
THAI-RESTAURANT
Rambutan
HOTEL
OBERMÜHLE

wurden von heute auf morgen zu Hexen erklärt. Einer der bischöflichen Pfleger, Kaspar Poißl zu Atzenzell (1583-98), fiel durch besondere Grausamkeit auf. Drei Jahre nach seiner Einsetzung durch den Bischof ließ Poißl fünf Frauen im Burgverlies einkerkern. Die grausamen Folterungen und Verhöre veranlassten eine von ihnen, sich gleich im Kerker zu erhängen. Die anderen wurden am 5. Februar 1590 öffentlich verbrannt. Neben den Pröpsten von Rottenbuch und Schlehdorf wohnte die Geistlichkeit der ganzen Umgebung dem Spektakel bei. Mindestens 49 Frauen ereilte in der Amtszeit Poißls das gleiche Schicksal. Er selbst blieb ein ehrenwerter Mann, sein Grab in der Garmischer Martinskirche kann heute noch besichtigt werden.

Prächtig bemalt ist das Gasthaus zum Husaren. Es trägt die Jahreszahl 1611.

Die Rottstraße

Schon zur Römerzeit verband ein höchst bedeutsamer Handelsweg Venedig mit Augsburg.
Die Route geriet in Vergessenheit, wurde wiederentdeckt und im Mittelalter zur „Rottstraße" der Fuhrleute. In der Bezeichnung steckt nicht eine „wilde Rotte", sondern das lateinische „rotare", aus dem sich „rotieren" ableitet. Beim Warentransport wurden nämlich die Fuhrleute nach einer bestimmten Reihenfolge in genau festgelegten Streckenabschnitten eingesetzt. Ihre Zunft hieß „Rott". Ebenso wurde ein genau zugeteilter Streckenabschnitt als „Rott" bezeichnet. Wild wird es schon zugegangen sein bei den vielspännigen Wagenkolonnen, die Wein, Öl, Gewürze und Stoffe von Italien und Eisen, Blei, Kupfer, Holz, Felle und Waffen nach Italien beförderten.

Da viele Gefahren am Weg lauerten, fuhr man nicht allein. Kolonnen mit teilweise mehr als 50 großen, schwer beladenen Planwagen quälten sich auf den schlecht befahrbaren, grobschotterigen Gebirgsstraßen dahin, auf denen nicht selten Windwürfe, Steinschlag und Lawinen zusätzliche Hindernisse bereiteten. Nebenbei machten Räuber und Diebesbanden den Fuhrleuten das Leben schwer. Kleinere Konvois wurden nicht selten überfallen und ausgeraubt.
Gelegentlich wurde die Strecke von Pilgern benutzt und sogar von deutschen Königen und Kaisern, die in politischer Mission oder um sich die Krone beim Papst bestätigen zu lassen, ins ferne Rom unterwegs waren.

Ein heikler Streckenabschnitt war der Scharnitzpass. Wer heute vom Inntal her auf der hervorragend ausgebauten Straße am Zirler Berg unterwegs ist, denke einmal daran, mit welchen Strapazen damals die sechsspännigen Pferdefuhrwerke auf der durchwegs steiler angelegten, meist einspurigen und von groben Felsbrocken übersäten Trasse zu kämpfen hatten. Brach bei einem Wagen eine Deichsel oder ein Rad oder trat sonst ein Schaden auf, kam der ganze Konvoi zum Stehen.

Garmisch-Partenkirchen

Die Wintersportmetropole Garmisch-Partenkirchen ist weltberühmt. Man kennt sie als Olympiastadt, als Austragungsort der Vierschanzentournee oder wegen der Zugspitze. Im Zuge der Vorbereitungen der Winterolympiade 1936 ließ Hitler die damals noch getrennten Orte Garmisch und Partenkirchen 1935 trotz jahrhundertealter Rivalitäten kurzerhand zusammenlegen. Grund war, dass Partenkirchen („Parthanum") – direkt an der Handelsstraße über den Brenner gelegen – schon seit Römerzeiten vom Italienhandel profitierte und Garmisch (802 erstmals als „Germarisgova" erwähnt), nur tausend Meter entfernt, die ganze Zeit über leer ausging. Die Garmischer mussten aus der

Die Frühlingstraße in Garmisch mit der Zugspitze und dem Waxenstein.

Gämsen

Fichtenblüten

Rechte Seite:
Der Eibsee mit der Zugspitze.
Von hier kann man mit einer Großkabinenbahn auf den höchsten Berg Deutschlands hinauffahren.

viel mühevolleren und weniger einträglichen Flößerei auf der Loisach, die ab dem Ort schiffbar war, ihr Auskommen finden. Lange nach der Zusammenlegung war noch ein gewisser Separatismus spürbar, der soweit ging, dass manche Garmischer nicht mit dem Kopf in Richtung Partenkirchen beerdigt werden wollten... was aber heute zum Glück nur mehr selten vorkommt.
Der Bahnhof ist die Nahtstelle des Doppelortes, von dem Partenkirchen der geruhsamere und ursprünglichere geblieben ist. Die Häuser in der Ludwigstraße, im Ortszentrum, mit ihren großen gewölbten Kellern und breiten Einfahrten dienten in den großen Zeiten des Handels als Warenlager. Das ansehnliche Bürger- und Handelshaus aus dem 17. Jahrhundert in der Ludwigstraße 47, das die Brände von 1811 und 1865 fast heil überstand, beherbergt seit 1973 das höchst sehenswerte Werdenfelser Heimatmuseum mit einer Vielzahl bemerkenswerter Exponate aus der bäuerlichen und bürgerlichen Geschichte der ehemaligen Grafschaft.

Sehenswerter als die nach dem Brand in der Mitte des 19. Jahrhunderts neu aufgebaute Pfarrkirche Mariae Himmelfahrt ist die Votiv- und Wallfahrtskirche St. Anton. Das südlich des Ortskerns am Berghang stehende Rokoko-Kirchlein stifteten die Partenkirchener zum Dank dafür, dass sie im Spanischen Erbfolgekrieg von Verwüstungen verschont blieben. Besonders sehenswert ist das Deckengemälde des Johannes Holzer von 1739, in dem die Wunder und Taten des hl. Antonius von Padua dargestellt werden.

Die in Garmisch in die Loisach mündende Partnach trennt die beiden Gemeinden. Die Loisach wiederum trennt Garmisch in zwei Teile unterschiedlichen Charakters: Links des Flusses gruppiert sich um die Alte St. Martinskirche der sogenannte „Loisachwinkel". Die Kirche im alten Dorfkern war die Mutterkirche für das obere Loisach- und Isartal. Im Inneren des frühgotischen Baus

Rechte Seite:
Der Ortsteil Partenkirchen mit dem Wettersteingebirge.

bedecken kostbare, oberitalienisch beeinflusste Fresken die Wände. Rechts der Loisach breitet sich der Ort aus mit seiner großzügigen Fußgängerzone, Kurpark und Spielcasino. Als echter Rokoko-Bau präsentiert sich am Marienplatz die Neue Pfarrkirche St. Martin, die Joseph Schmuzer 1730-33 anstelle der spätgotischen Niklaskirche erbaute und – unterstützt von Wessobrunner Künstlern – mit Stukkaturen versah. Die Darstellungen der Martinslegende neben der Orgel von 1776 gehen wesentlich auf Franz Zwinck, den Begründer der Lüftlmalerei, zurück.

Auf jeden Fall einen Besuch wert sind die anlässlich der Winterspiele 1936 erbauten Olympia-Sportanlagen: das Eisstadion, eines der größten in Europa, das Bundesleistungszentrum für Curling und das Olympia-Skistadion, in dem jedes Jahr am Neujahrstag über 70000 Besucher bei den Wettkämpfen der Vierschanzentournee mitfiebern. Eine Natursensation ist die vom Stadion zu Fuß in ca. 30 Minuten erreichbare Partnachklamm. Wer nicht gehen will, kann die kurze Strecke zur Klamm in einer Kutsche zurücklegen.

Obwohl Garmisch-Partenkirchen mit seinen gut 27000 Einwohnern bisher nicht in den Rang einer „Stadt“ erhoben wurde, sondern nach wie vor als Marktgemeinde rangiert, umgibt den Ort ein internationales Flair. Besonders zur Zeit von Weltcup-Skiabfahrten, Skisprungwettbewerben oder Eislaufveranstaltungen tummeln sich Gäste aus aller Herren Länder in den Straßen des Som-

Hausfassade in Partenkirchen.

Blick vom Fernpass über den Blindsee auf die Zugspitze und die Sonnenspitze.

Rechte Seite: Frühsommer unterm Wettersteingebirge – mit Alpspitze, Zugspitze und Waxenstein.

mer- und Winterkurortes. Für Touristen aus Übersee ist Garmisch nach wie vor fester Bestandteil einer klassischen „Sightseeing"-Tour durch Deutschland und „Bavaria".

Wettersteingebirge

Die Zugspitze bildet den westlichen Eckpfeiler des sich in östlicher Richtung an die 20 Kilometer erstreckenden Wettersteingebirges. Am höchsten Punkt laufen drei mächtige Grate zusammen: der nördlichste, der Waxensteinkamm, ist der kürzeste und niedrigste; der mittlere, der Höllentalgrat, zieht sich verzweigend zum Hochblassen (2703 m) und zur Alpspitze (2620 m) hinüber; der südliche Flügel, der Wettersteinkamm mit den eindrucksvollen Erhebungen des Hochwanners (2744 m) und der Dreitorspitze (2682 m) hat die längste Ausdehnung. Seine Südabstürze bieten einen den Dolomiten ähnlichen Anblick, unter Bergsteigern berühmt sind die extremen Kletteranstiege an der Schüsselkarspitze. Während das Wettersteingebirge nach Süden und Westen durchwegs steil abfällt, bildet es an der Nordseite, oberhalb Garmisch-Partenkirchen, Klais und Mittenwald, ein vielgestaltiges Mittelgebirge aus.

Die Hauptgrate trennen zwei tief eingeschnittene Hochtäler: das wildromantische Höllental und das Reintal, eines der schönsten Täler der Nördlichen Kalkalpen. Mit dem Schneeferner und dem Höllentalferner weist das Wettersteingebirge sogar zwei Gletscher auf. Der Schneeferner am Zugspitzplatt ist harmlos und dient als Skigelände. Wilder ist der kleinere Höllentalferner mit einem kleinen Gletscherbruch, Randklüften und einer Eisdicke von beachtlichen 100 Metern. Beliebte Ausflugsziele sind die Seen: Barmsee, Lautersee, Ferchensee, der künstlich angelegte Rießersee vor dem malerischen Hintergrund der Waxensteine und allen voran einer der schönsten oberbayerischen Alpenseen: der inselreiche Eibsee. In seinen tiefgrünen Wassern spiegeln sich die bis ans Ufer reichenden waldigen Höhen.

Gewaltig überragt die Zugspitze mit den Gipfeln des Waxensteinkammes den malerischen See. Er liegt 978 Meter hoch, seine Entstehung verdankt er einem Bergsturz.

Die höchste Alpenvereinshütte Deutschlands: Das Münchner Haus auf der Zugspitze.

Die Zugspitze

Die Zugspitze ist mit 2964 Metern der höchste Berg Deutschlands. Dass sie zu einem guten Teil jenseits der Landesgrenze fußt, tut daran keinen Abbruch. Die Aussicht (besonders vom Ostgipfel) ist eine der großartigsten in den Nördlichen Kalkalpen. 250 km reicht der Blick an klaren Tagen, über 400 Gipfel wurden schon gezählt. Vom Böhmerwald bis zum Ortler und zur Bernina, vom Salzkammergut bis zum Tödi in der Ostschweiz, im Südosten zu den Dolomiten reicht der Blick. Man sieht das romantische Höllental mit dem Ferner, die Alpspitze und den Blassenkamm, dahinter das Karwendel. Im Süden liegen die Ketten des Wettersteinkammes, dahinter die Mieminger Berge, im Westen das Zackenmeer der Allgäuer und Lechtaler Alpen und, weit hinten, die firngekrönten Zentralalpen mit dem Großglockner.
Der Gipfel galt als verhext, bis dem Vermessungsbeamten Josef Naus zusammen mit zwei Einheimischen Führern am 27. August 1820 „unter großen Anstrengungen und Gefahren“ die Erstbesteigung gelang. Auftraggeber war kein anderer als Maximilian I. persönlich, der die Grenzen seines Landes vermessen lassen wollte. Als der Partenkirchner Maurermeister Resch drei Jahre später am Gipfel stand, glaubte ihm das keiner, bis er 1834 noch einmal hinaufstieg, nachdem er Zeugen mit Ferngläsern postiert hatte.
Heute hat der Besucher die Wahl zwischen drei verschiedenen Bergbahnen.
Die erste von den österreichischen Nachbarn von Ehrwald aus eingerichtete Tiroler Zugspitzbahn zum Westgipfel besteht schon seit 1926. Seit 1930 fährt man auch von Garmisch aus auf den Berg. Beim Garmischer Bahnhof steht die Talstation der 19 km langen Bayerischen Zugspitzbahn. Drei Jahre (1928-30) betrug die Bauzeit der Bahn, die heute noch als technische Meisterleistung gilt. Enorme Anstrengungen kostete vor allem der Tunnel durch die Riffelwandspitze. Seiner Erbauung lag schon damals ganz wesentlich ein moderner Umweltschutzgedanke zugrunde, um in der großartigen Natur möglichst wenig Eingriffe vornehmen zu müssen.
Die Strecke bis zur Station Grainau-Badersee bewältigt sie einem normalen Zug vergleichbar auf Gleisen („Reibungsstrecke“). Von dort ist sie als Zahnradbahn angelegt, die ihre Fahrgäste über die Stationen Eibsee und Riffelriss zum Schluss durch einen 4,8 km langen Tunnel zur Bergstation „Sonn Alpin“ auf dem Zugspitzplatt in 2600 Meter Höhe befördert. 75 Minuten dauert die Fahrt ab dem Garmischer Bahnhof, 35 Minuten von der Station Eibsee.
Am Platt befindet sich das höchste Skigebiet Deutschlands (2000-2830 m), in dem 9 Ski-

lifte Wintersportbetrieb von November bis Mai ermöglichen.
Vom „Sonn Alpin“ zum Gipfel führt seit Ende 1992 eine Seilbahn. Das 50 Meter höher im steilen Gipfelhang erbaute Schneefernerhaus, die ehemalige Bergstation der Zahnradbahn, dient heute ausschließlich wissenschaftlichen Zwecken und ist öffentlich nicht zugänglich. Die frühere Seilbahn von dort hinauf zum Gipfel wurde ebenso demontiert wie die Gletscherbahn hinab zum Platt.
Als dritte Aufstiegshilfe besteht seit 1963 eine Großkabinenseilbahn vom Eibsee aus. Nur zehn Minuten dauert die Fahrt zum 2000 Meter höher gelegenen Gipfel, auf dem neben den großzügig eingerichteten Seilbahnstationen (Restaurants, Konferenzräume, Videoraum etc.) das 1897 erbaute „Münchner Haus“ steht. Die unter Denkmalschutz stehende Hütte ist weitgehend im Originalzustand erhalten. Interessanterweise entspricht das Klima des so bequem erreichbaren Berges in Gipfelhöhe dem von Grönland oder Spitzbergen. Auf jeden Fall also empfiehlt sich auch im Sommer die Mitnahme einer zweckentsprechenden Bekleidung.

Die Wettersteinspitze, 2297 m.

Rechte Seite:
Der höchste Gipfel Deutschlands, die Zugspitze, 2936 m.

Zu Fuß auf die Zugspitze

Sportlich Ambitionierten, die den Gipfel aus eigener Kraft erreichen wollen, bieten sich drei Wege an: Durch das Reintal ist der Gipfel bei gutem Wetter ohne besondere Schwierigkeiten zu erreichen. Die Anstiege durch das Höllental oder – auf der österreichischen Seite – von der Wiener-Neustädter Hütte erfordern Trittsicherheit und Schwindelfreiheit.

Zehn Stunden muss veranschlagen, wer den Weg zum Gipfel durch das Reintal an einem Tag begehen will. Der Weg beginnt am Olympiastadion und bietet gleich zu Beginn einen landschaftlichen Höhepunkt: die Partnachklamm. Auf gut 700 Meter Länge schuf der Fluss eine bis zu 70 Meter tiefe, senkrecht in die Felsenwände eingeschnittene Schlucht. Den Steig durch die Klamm mit seinen Stollen, Brücken und Galerien gab die Alpenvereinssektion Garmisch in Auftrag. Fünf Jahre dauerten die Baumaßnahmen, bis der Steig ab 1912 für Jedermann begehbar war. Am Ende der Klamm müssen sich die Augen erst wieder an das Sonnenlicht gewöhnen, auf dem Weiterweg in Richtung der Reintalangerhütte. Noch vor der Bockhütte, einem Hirtenstützpunkt ohne Übernachtungsmöglichkeit, zweigt ein Weg nach links ab zur Oberreintalhütte, einem klassischen Klettererstützpunkt. Vom Oberreintal wiederum besteht die Möglichkeit, in nordöstlicher Richtung zum Schachen aufzusteigen, wo sich König Ludwig II. in 1866 Meter Höhe ein Jagdschloss errichten ließ, weniger um zu jagen – die Jagd verabscheute er – als vielmehr der Einsamkeit wegen. Vier Stunden dauert der Fußmarsch zu dem Stützpunkt, zu dem sich der König auf dem Königsweg (von Elmau her über die Wettersteinalm) selbstverständlich in einer Kutsche hinaufbefördern ließ. Nur eingefleischte König-Ludwig-Bewunderer, etwa 7000 pro Jahr, finden den Weg hierher – in Neuschwanstein zählt man jährlich 1,3 Millionen! Von außen erweckt das Haus mit sei-

Die Zugspitze, wie sie sich vom Tiroler Ehrwald aus darbietet.

Blick über das Zugspitzplatt auf die Hohe Munde. Am Horizont die Zillertaler und Stubaier Alpen.

Rechte Seite: Das Zugspitzeck mit den Tiroler Ortschaften Ehrwald und Lermoos.

Schneeferner mit dem Schneeferner Haus und der Seilbahnstation.

Die beiden Bilder oben und unten zeigen den total verbauten Zugspitzgipfel.

Rechte Seite: Blick über die Hohe Riffl hinunter auf Garmisch.

nen hölzernen Fensterläden und dem kunstvoll gesägten Balkongeländer den Anschein einer freundlichen Berghütte. Während auch die unteren Räume – Schlafzimmer, Arbeits- und Speisezimmer – alpine Genügsamkeit ausstrahlen, sieht es in der ersten Etage ganz anders aus: Sie wird zur Gänze von einem „maurischen Saal" eingenommen, den der König entsprechend der damaligen Mode nach dem Vorbild türkischer Paläste gestalten ließ. Kostbare orientalische Gegenstände, ein Springbrunnen, edle Teppiche, luxuriöse Diwane, Pfühle und Polsterbänke verbreiten Tausendundeinenachtatmosphäre, in der sich der König – mitten im Wetterstein – als Kalif, Sultan oder Scheich fühlen konnte. Dieses Vergnügen bereitete sich der König regelmäßig zu seinem Geburtstag am 25. August. Über den Schachen führt nebenbei der beste Zugang zur 2366 Meter hoch gelegenen Meilerhütte am Dreitorspitzgatterl.
Doch zurück zum Aufstiegsweg zur Zugspitze: von der Bockhütte (1052 m) führt der Weg in mäßiger Steigung weiter taleinwärts, immer enger rücken die steilen Felswände zusammen, bis man, vorbei an den „Blauen Gumpen" und am Partnach-Wasserfall, nach 5-5½ Std. zur vielbesuchten Reintalangerhütte (1370 m) kommt. Wer übernachten will, muss an schönen Tagen mit Überbelegung rechnen.

Zwei Stunden dauert der Aufstieg zur nächsten Unterkunft, der Knorrhütte (2052 m). Entlang der Partnach führt der Weiterweg taleinwärts, vorbei am Partnachursprung, bis man nach einer kehrenreichen Steilstufe ins Brunntal gelangt. Am Westfuß des Brunntalkopfes unter dem Zugspitzplatt liegt die Hütte der DAV-Sektion München mit schönem Blick auf Hochwanner, Höllentalspitzen und die das Platt umrahmenden Gipfel bis zur Zugspitze. Auch sie ist an schönen Sommer- und Herbststagen häufig überfüllt. Auf dem Platt geht es über Buckel und Mulden auf gut markiertem Steig weiter zum Schneeferner und vorbei an der modernen Station „Sonn Alpin" (2600 m) und am Schneefernerhaus (2650 m) zum Gipfel (3½ Std. ab Knorrhütte). Wer verschwitzt und müde mit großem Rucksack hier ankommt, sollte – im Bewusstsein, den höchsten Berg Deutschlands aus eigener Kraft erreicht zu haben – darüber stehen, wenn er von den vielen Seilbahntouristen bestaunt wird wie ein seltenes Tier.

Anspruchsvoller ist der Weg durch das Höllental über die Höllentalangerhütte. Besonders bei Wetterumschlägen können weniger erfahrene Bergsteiger im oberen Teil, einem nicht durchgehend gesicherten, langen Klettersteig, leicht in heikle Situationen geraten. Im Spätsommer ist für den kleinen Höllentalferner die Mitnahme von Steigeisen empfehlenswert.

Der Zustieg von Westen über die Wiener-Neustätter Hütte (2213 m) ist der kürzeste Anstieg zur Zugspitze (2-2½ Std. ab Hütte). Schlüsselstelle des Anstieges durch das Österreichische Schneekar ist der „Stopselzieher", eine Steilrinne, in der Klammern und Drahtseile das Weiterkommen erleichtern. Zum Schluss führt der Steig über den Grat zum höchsten Punkt.

19
Was Du Ererbt von Deinen Vätern, Erwirb es um es zu Besitzen

Mittenwald und Karwendelgebirge

6. Mittenwald - Karwendel

Zwischen Wetterstein- und Karwendelgebirge, 15 Kilometer südöstlich von Garmisch-Partenkirchen, liegt mitten im Scharnitzer Wald das Bilderbuchdorf Mittenwald.
Wie Partenkirchen war der Ort („Scarnia") eine römische Station auf dem Handelsweg nach Italien.

Mittenwald gegen die Wettersteinspitze.

An die Römer erinnern viele bei Grabungen gefundene Gegenstände: Schmuck, Werkzeuge, Waffen und römische Hufeisen, ja sogar ein Meilenstein mit der Inschrift Kaiser Septimus Servus fand sich, der heute in einem Museum in Innsbruck verwahrt ist. Bald nachdem der Ort zusammen mit dem übrigen Werdenfelser Land 1294 in den Besitz des Bischofs von Freising gekommen war, erhielt er sein eigenes Marktrecht. Den eigentlichen Wohlstand und Reichtum brachte 1492 der Ausbau der Kesselbergstraße – damals „via regia Tyrolenses et Italos" genannt – nach Walchensee durch den bayerischen Herzog Albrecht IV. Die Trasse bedeutete eine wesentliche Verbesserung der Handelsroute Venedig – Augsburg. Dazu kam noch, dass die mächtigen venezianischen Kaufleute nach Streitigkeiten mit Bozen den dortigen Markt nach Mittenwald verlegten. Der Ort wurde Hauptumschlagplatz für den ganzen Warenverkehr zwischen Deutschland und Venedig.
Um die Transportkapazitäten zu erhöhen, begann man, Güter auch auf der Isar zu befördern. Ein besonderer Vorteil dabei war der nahezu vollständige Schutz vor Überfällen. Für Mittenwald spielte die „Wasserrott" jedoch nie die Rolle wie für andere Städte, wie z. B. das damals noch kleine München oder auch Passau und Nürnberg. Nach 192 Jahren, zu Zeiten des Dreißigjährigen Krieges, wurde der Markt nach Bozen zurückverlegt und die goldenen Zeiten des Isardorfes gingen zu Ende.
Wer einen Blick hinter die Fassaden der alten Häuser in Mittenwald wirft, kann heute noch mächtige alte Gewölbe aus der Zeit entdecken, in der Venedig seine Waren hier lagerte und vertrieb.

Der Geigenbau

Danach wurde Mittenwald wegen der Geigenbaukunst berühmt, die Matthias Klotz nach 1684 von Italien in sein Heimatdorf mitbrachte. Als er sich in Cremona ausbilden ließ, arbeiteten dort so berühmte Geigenbauer wie Guarneri oder Antonio Stradivari, deren Instrumente als beste der Welt galten. Nach Hause zurückgekehrt, fertigte er selbst Geigen in bester Qualität und viele Mittenwalder Familien taten es ihm nach. Außer Geigen wurden auch Cellos, Gitarren und Bässe fabriziert. Eine Besonderheit war die Mittenwalder Zither, die in großen Stückzahlen über den Ozean verschifft wurde. König Ludwig I. gründete im Jahre 1858 eine Geigenbauschule, die 1912 vom Bayerischen Staat übernommen wurde.
In der heutigen „Berufsfachschule für Geigenbau", der einzigen in Deutschland, be-

Der Obermarkt mit der Pfarrkirche und zwei Beispiele der Lüftlmalerei, die auf die Geschichte des Ortes hinweisen.

Mittenwald wurde bereits 1786 von keinem Geringeren als von dem Dichterfürsten Goethe als „lebendiges Bilderbuch“ bezeichnet.

Vor der Pfarrkirche hat man dem Geigenbauer Matthias Klotz ein würdiges Denkmal errichtet.

werben sich in jedem Jahr weit mehr Schüler um einen Ausbildungsplatz als aufgenommen werden können. Unmittelbar neben dem Kirchenportal der Pfarrkirche St. Peter und Paul mit ihrem weithin sichtbaren Turm steht ein Denkmal für Matthias Klotz (1653-1743), den Begründer des Mittenwalder Geigenbaus. Gleich nebenan ist im Geigenbau- und Heimatmuseum viel Interessantes über sein Leben und Wirken zu erfahren. Anhand einer Schauwerkstatt kann der Herstellungsprozess der „Königin der Musikinstrumente“ vom Rohmaterial bis zur fertigen Geige nachvollzogen werden.

Lüftlmalerei

„Lüftlmalerei“ sowohl vom Begründer Franz Seraph Zwinck (1748-92) aus Oberammergau als auch von anderen Künstlern prägt das Erscheinungsbild des Ortes, den Goethe 1786 ein „lebendiges Bilderbuch“ nannte. Bei der Vielzahl herrlicher Fassadenmalereien fällt es schwer, bestimmte besonders hervorzuheben. Als Beispiele seien lediglich das „Hornsteiner Haus“, das „Gasthaus Alpenrose“ und das „Pilgerhaus Hl. Geist“ am Obermarkt genannt, die Zwinck im Zenit seines Könnens malte. Die Scheinarchitektur des Kirchturmes der Pfarrkirche gestaltete Matthäus Günter bereits 1746. Die auf die glatten Wände aufgemalten Säulen, Erker und andere architektonische Eigenheiten geben dem Gebäude einen völlig anderen Charakter.
Neben den architektonischen Ausgestaltungen wurden die Hausfassaden von den Lüftlmalern auch zur lebensnahen Darstellung von profanen Festlichkeiten und Ereignissen genutzt.
Ihre farbenfrohen Geschichten erzählen von Hochzeiten, von der Arbeit der Bauern und Handwerker und von anderen Begebenheiten aus dem Leben der ländlichen Bevölkerung.
Die Betrachtung der Bilder ist nicht nur amüsant, sondern auch lehrreich. Man kann nachvollziehen, wie die Menschen lebten, feierten, arbeiteten und sich kleideten. Wenn die Fresken manchmal vielleicht einen „naiven“ Eindruck erwecken, liegt das in erster Linie daran, dass die Maler im noch feuchten Putz sehr schnell arbeiten mussten.

Fassadenmalerei in Städten ist ein uraltes Phänomen. Wie kam es, dass sie in der Barockzeit in Oberbayern, vor allem im Werdenfelser Land, einen so großen Aufschwung nahm? Es hängt wohl damit zusammen, dass die Rottstraße ihre Anwohner damals wohlhabend und repräsentationsbedürftig machte. Die weißen Wände der Bauernhäuser unter den vorkragenden Dächern boten sich zum Verzieren geradezu an. Die Maler blieben meistens unbekannt, weil sie ihre Fresken nicht signierten. Populär wurden neben dem besagten Franz Seraph Zwinck nur wenige. Franz Karner, ebenfalls aus Mittenwald und der Glonner Johann Baptist Böhamb, der im Leitzachtal malte, gehören dazu.

Die Lüftlmalerei hielt sich bis zum Beginn des 19. Jahrhunderts, wurde Ende des Jahrhunderts durch die Heimatkunstbewegung wiederbelebt und taucht auch in der heutigen Zeit in den alten Formen immer wieder in ihren Kerngegenden auf, wobei die Maler Heinrich Bickel aus Garmisch und Sebastian Pfeffer aus Mittenwald hervorragen. Von den Kunsthistorikern wurde die alpenländische Besonderheit der Lüftlmalerei bisher sträflich vernachlässigt.

Das Karwendelgebirge

Im Süden begrenzt das Inntal, im Osten die Achenseefurche, im Süden die Isar dieses 900 km² große urtümliche Gebirge. Im Westen ab Scharnitz markiert die Bundesstraße über den Seefelder Sattel, die bei Zirl wieder ins Inntal stößt, die Grenzlinie. Das ganze Gebiet weist mit Ausnahme von Hinterriss keine einzige ganzjährig bewohnte Siedlung auf, was den Ernst und die Einsamkeit des Gebirges unterstreicht.

Es weist vier bedeutsame, im Großen und Ganzen von Ost nach West verlaufende Bergketten auf: Dem Inntal zugewandt liegt die Inntal-Kette, meist Nordkette genannt, mit dem Kleinen Solstein (2633 m) als höchstem Gipfel.
Es folgt die Bettelwurf-Gleirsch-Halltalkette mit dem Großen Bettelwurf (2725 m).
Die Hinterautalkette, die sich über dem gleichnamigen Tal im Westen erhebt, ist nach Längs- und Höhenentwicklung die mächtigste Kette und wird deshalb häufig auch als Hauptkamm bezeichnet. Sie trägt

Zentrum von Mittenwald.

Eine ländliche Szene, die ein Haus in Wallgau schmückt.

Viele bemalte Häuser im Werdenfelser Land und weit darüber hinaus, tragen die Signaturen der Künstlerfamilie Pfeffer.

Mit der Seilbahn entschwebt man in wenigen Minuten ins Hochgebirge.

Die Karwendelköpfe

mit der Birkkarspitze (2749 m) den höchsten Gipfel des ganzen Gebirges.

Die vierte, Nördliche Karwendelkette genannt, ist Bayern zugewandt. Sie ist nur halb so lang wie der Hauptkamm, höchste Erhebung ist die Östliche Karwendelspitze (2537 m). Nach Norden fallen die finsteren Wände der Laliderer-Spitzen 700 Meter tief ab bis zu den Schuttreisen am Wandfuß. Die Kletterrouten durch diese Wände sind nicht zuletzt wegen des brüchigen Gesteins sehr ernst und bei extremen Kletterern hoch angesehen.

Das gesamte Vorkarwendel und der bayerische Gebirgsanteil sind Naturschutzgebiet, das heißt, jeder Eingriff in die natürlichen Abläufe ist verboten. Dementsprechend ist das Gebiet ein Refugium für viele seltene Pflanzen- und Tierarten.

Rechte Seite: Westliche Karwendelspitze.

Die Linderspitzen

Karwendelbahn

Zwei Bilder von Wallgau, einem malerischen Ort, der das Tor zum Werdenfelser Land darstellt, kommt man vom Walchensee herauf. Auf dem rechten Bild sieht man links das Karwendel- und rechts das Wettersteingebirge.

Seite 124/125: Blick vom Karwendel auf Mittenwald und das Wettersteinmassiv.

Rechte Seite: Der über 1000 m hoch gelegene Lautersee mit der Wettersteinspitze, 2297 m.

Der Wagenbrüchsee wird heute oft als Gerold-see bezeichnet, weil er gleich hinter dem kleinen Ort Gerold liegt. Er ist zu jeder Jahreszeit einen Spaziergang wert, wie es das Frühlingsfoto oben zeigt.

Der Lautersee mit dem Karwendelgebirge.

7. Walchensee - Isartal

An diesem idyllischen Fleckchen Erde fühlt man sich in die Romanwelt Ganghofers und anderer Heimatschriftsteller aus dem vorigen Jahrhundert zurückversetzt. Eindrucksvoll hat Lovis Corinth (1858-1925) auf seinen Bildern die Walchenseelandschaft festgehalten: tiefblaues Wasser vor der Kulisse der Karwendel- und Wettersteinberge. Von 1818 bis zu seinem Tod hat Corinth vom Walchensee 78 Gemälde, eine ähnliche Anzahl von Aquarellen und Zeichnungen und mehrere Zyklen von Radierungen und Lithografien geschaffen. Welche Huldigung an eine Landschaft!

Sonnenaufgang am Walchensee.

Mit 7 km Länge und 5 km Breite ist der Walchensee der größte der bayerischen Gebirgsseen.

Seine Oberfläche liegt 800 Meter über dem Meeresspiegel, die Tiefe von 192 Metern ist beachtlich. Das kalte Wasser ist von erstklassiger Qualität, reich ist der Bestand an Lachsforellen und Hechten. Da Wasser zur Stromgewinnung abgeleitet wird, schwankt der Wasserspiegel um bis zu 6 Meter. Besonders im Winter wird viel Wasser entzogen, es kann dann bis in den Sommer hinein dauern, bis der See sein natürliches Aussehen wiedererlangt.

Rechte Seite: Rast am Ufer des Walchensees mit Blick auf die Karwendelspitzen.

Wegen der günstigen Windverhältnisse gilt das Gewässer als Paradies für Surfer.

Verkehrsmäßig erschlossen ist nur das Westufer, wo die Bundesstraße (B 11) von Kochel über den bekannten Kesselberg zum See und weiter über Wallgau nach Mittenwald führt.

Als alte Handelsroute war sie schon im Mittelalter bekannt. Bayernherzog Albrecht IV. ließ die Trasse 1492 ausbauen und danach wurde sie bis in die heutige Zeit immer wieder verbreitert, um den erheblichen Verkehr bewältigen zu können. Der kurvenreiche Kesselberg vom 200 Meter tiefer gelegenen Kochelsee zum Walchensee hinauf war als Rennstrecke berühmt.

Hinter dem Kesselberg kommt man bei Urfeld zum See, am Ufer entlang führt die Straße weiter zum Hauptort, dem Dorf Walchensee mit der sehenswerten Pfarrkirche St. Jakob. Dort befindet sich auch die Talstation der Herzogstandbahn. Von der Bergstation wenige Meter unter dem Fahrenberg (1620 m) – wie ein wundervoll gefasster Smaragd sieht der von Wäldern und Wiesen umschlossene See von dort oben aus – erreicht man in wenigen Minuten auf einem bequemen Weg das ganzjährig bewirtschaftete Herzogstand-Berggasthaus (1557 m). Hierher ließ sich König Ludwig II. von Urfeld aus sogar einen Reitweg bauen. In einer Dreiviertelstunde kann bequem der Herzogstand (1731 m) bestiegen werden. Schon die Bayernkönige scheinen Freude an der großartigen Aussicht gefunden zu haben, sonst stünde am Gipfel nicht jener Pavillon, der auf ihre Veranlassung gebaut wurde. Von den Hohen Tauern mit Großglockner und Großvenediger über die Zillertaler, Stubaier und Ötztaler Gletscherberge, vom Karwendel über das Wettersteingebirge mit der Zugspitze zu den Lechtaler und Allgäuer Alpen, nach Norden über sieben oberbayerische Seen bis München reicht der Blick.

Wer schwindelfrei ist, kann in 1½ Stunden vom Herzogstand zum Heimgarten

Rechte Seite:
Der Schmied von Kochel und der Kochelsee vom Herzogstand aus.

(1790 m) hinüberwandern. Die Schwierigkeiten der Gratwanderung, die zu den 100 schönsten der Alpen gerechnet wird, liegen im ersten Teil des Grates. Wer sich unsicher fühlt, kann ohne viel Mühe zum Herzogstand zurückkehren.

Zurück zum Walchensee: Das Ostufer mit der kleinen Insel Sassau steht wegen der alten Eibenbestände unter Naturschutz, die Forststraße am Nordufer ist für den öffentlichen Verkehr gesperrt. Entlang des Südufers führt eine mautpflichtige Straße in Richtung Jachenau.

Der Kochelsee mit dem Herzogstand und dem Heimgarten. Auf dem Bild erscheint der Heimgarten niedriger, obwohl er 60 m höher ist, weil er weiter hinten steht. Die beiden Gipfel sind durch einen mit Latschen bewachsenen Grat verbunden. Der romantische Steig erfordert ca. 1 Std.

Auf einer großen Wiese am Seeufer fällt das Forsthaus Altlach auf. Hierher beorderte der „Märchenkönig“ Ludwig II. gelegentlich seine Minister, wenn dringende Staatsgeschäfte anstanden und er keine Lust hatte, deswegen nach München zu fahren. In einem zeitgenössischen Bericht ist ein derartiges Ereignis festgehalten: Der König kam hoch zu Ross an, während seine Minister für die Anreise bequeme Kutschen vorzogen. Die Reden waren kurz und bündig, mit der Unterschrift des Königs war das Geschäftliche beendet. Nachdem sich der König auf leutselige Weise von seinen hohen Beamten verabschiedet hatte, löste sich die seltsame Versammlung auf der Uferwiese ebenso rasch wie sie zusammengekommen war wieder auf.

Jachenau

12 Kilometer lang führt eine schmale Straße von der Mautstation hinter Einsiedl durch eine urnatürliche waldreiche Landschaft zur Jachenau zwischen Walchensee und Lenggries.
Die Jachenau geht zurück auf eine Siedlung des Benediktiner-Klosters Benediktbeuern, welches 1137 im „Tal Nazareth“, wie die Gegend damals genannt wurde, eine Kapelle errichtete. 1192 entstand eine hölzerne Kirche, die 1292 durch eine Kirche aus Stein ersetzt wurde. Unter dem Schutz des Klosters wurde die Gegend gerodet, gegen Ende des 15. Jahrhunderts waren die Rodungsmaßnahmen abgeschlossen. Das Tal und die Lage der Höfe haben sich seitdem nur wenig verändert. Weil das Tal nach Osten und nach Westen offen ist, scheint im stillen Hochtal hinter der Benediktenwand die Sonne länger als anderswo. Die Jachenau mit ihren Einzelhöfen und Weilern inmitten bunter Wiesen ist Bauernland, wie es schöner nicht sein könnte, ein Geheimtipp für Feriengäste, die Ruhe und Natur suchen.

Der Gipfel des Herzogstands.

Die Loisach fließt aus dem Kochelsee. Im Hintergrund der Herzogstand und der Heimgarten.

Rechte Seite: Blick vom Gipfel des Herzogstands auf den Walchensee.

Der Kochelsee

Kommt man vom Walchensee über den Kesselberg herab, kann man noch vor dem Kochelsee nach links zum Walchenseekraftwerk abbiegen. Diese sehenswerte technische Pioniertat wurde in den Jahren 1921-1925 unter der Leitung des Oskar von Miller erbaut, der sich schon 1882 durch die erste Stromübertragung auf lange Distanz von Miesbach nach München und 1903 durch die Gründung des Deutschen Museums einen Namen gemacht hatte. Die natürliche Lage der Seen – der Walchensee liegt 200 Meter über dem Kochelsee – bot sich für die Stromerzeugung geradezu an. Vom „Wasserschloss“ mit seinem mächtigen Wasserbassin am Nordufer fließt das Walchenseewasser unterirdisch 1200 Meter durch den Kesselberg bis zu den sechs Druckrohren von zwei Metern Durchmesser, die den Hang hinab zum Krafthaus am Südufer des Kochelsees zu den Turbinen leiten. Die Generatoren ermöglichen eine Jahreserzeugung an Energie von mehr als 300 Millionen Kilowattstunden. Von 9-17 Uhr kann das Werk täglich besichtigt werden.

Der einzige Ort am See ist Kochel, der als Kurort berühmt wurde, nachdem man 1846 eine Natronquelle entdeckt hatte, die allerdings 1912 wieder versiegte. Wegen seiner Nähe zum See erhielt der Ort seinen Badcharakter. Deutlich kleiner und mit 66 Metern auch viel weniger tief als der Walchensee – und deshalb wärmer – ist der Kochelsee gut zum Baden geeignet. Nebenbei findet sich dort im See- und Freizeitbad „trimini“ die längste Wasserrutsche Deutschlands.

Ein berühmter Kocheler ist der Maler Franz Marc (1880-1916), der als ein Hauptvertreter der Münchner „Blaue Reiter“-Maler bei Kochel lebte und hier mit einem Museum geehrt wurde. Unter Hitler galten seine kubistisch und expressionistisch beeinflussten Werke als „entartete Kunst“.

Noch berühmter aber wurde der Schmied von Kochel. Mitten im Dorf steht auf einem

urigen Sockel sein Denkmal. Als im Rahmen der Spanischen Erbfolgekriege am Anfang des 18. Jahrhunderts die Österreicher in Bayern an die Macht kamen und das Land unter ihrem Regiment völlig ausblutete, planten 20 000 mutige Bauern im Jahr 1705 die Rebellion und der Schmied von Kochel führte sie an. Dürftig bewaffnet marschierten sie nach München zum Angriff auf die kaiserlichen Truppen. Die erwarteten die Bauerntrupps bereits und schlugen den Aufstand in einem beispiellosen Gemetzel nieder. Schauplatz des Geschehens war der Sendlinger Friedhof. Die Unerbittlichkeit, mit der die Österreicher die chancenlosen Bauern niedermachten, gab der Nacht, in der es geschah, für alle Zeiten den Namen Sendlinger Mordweihnacht – und dem Schmied von Kochel, der ebenfalls fiel, ewiges Gedenken. „Lieber bayerisch sterben als kaiserlich verderben" sollen seine letzten Worte gewesen sein. Der Maler Franz von Defregger widmete dem Thema ein monumentales Ölgemälde, das den legendären Schmied von Kochel als herausragenden Helden bei der Erstürmung des roten Turmes darstellt.

Freilichtmuseum Glentleiten

Wer sich für alte Bauernhäuser interessiert, für Handwerkstechniken, die seit der Zeit unserer Großväter ausgestorben sind, und für die Art und Weise, wie unsere Vorfahren noch vor hundert und zweihundert Jahren lebten und hausten, der sollte dieses Freilichtmuseum bei Großweil (zwischen Murnau und Kochel), das zu den schönsten und größten seiner Art gehört, unbedingt besuchen.

Hier findet man Oberbayern in Miniatur. Das bäuerliche Oberland, wie es etwa zwischen dem 16. und 19. Jahrhundert aussah, ist gleichsam in der Nussschale geborgen. Auf einem von Bäumen, Wiesen und Bächen aufgelockerten, ausgedehnten Hanggelände nördlich über dem Kochelsee wurden seit 1973 mehr als 40 historische Höfe aufgestellt. Das heißt, sie wurden an ihren ursprünglichen Standorten Balken für Balken abgebaut, hierher verfrachtet und original wieder aufgebaut.

In Gruppen stehen die Höfe, oft wahre Musterexemplare, in der Landschaft, sommers blumengeschmückt, umgeben von den jeweils typischen Nebengebäuden: Getreidekasten, Backofen, Flachsbrechhütte, Austragshäusl, Kapelle; auch der Taubenschlag, der Brunnen und der Misthaufen fehlen nicht. Auch das Innere der Häuser von den Möbeln bis zur Bettwäsche wurde minutiös rekonstruiert. Eine Pracht sind im Sommer die blühenden Bauerngärten mit verschiedenartigen historischen Zäunen. Einer der Gärten präsentiert alle „Gespinstpflanzen", aus denen früher Textilien gewonnen wurden. Wie daraus in unzähligen, mühevollen Arbeitsgängen die Faser, der gesponnene Faden und schließlich das gewebte Leinen entsteht, auch das wird vorgeführt.

Funktionierende, von einem Wasserrad betriebene Mühlen, die an einem Bach erbaut sind, finden sich ebenso wie Werkstätten,

in denen Handwerke ausgeübt werden, die längst ausgestorben sind. Wem ist heute noch bekannt, wie Wetzsteine hergestellt wurden, oder wie das Zaumzeug eines Bauernpferdes aussah, das vor ein schweres Holzfuhrwerk gespannt wurde? Eine Möbelschreinerei und ein Sägewerk gehören genauso dazu wie ein Kalkbrennofen, in dem Kalk gebrannt wird wie vor Hunderten von Jahren. Mit dem Kalk wurden nicht nur die Wände der Bauernhäuser geweißelt, er ersetzte auch den Zement.

Unterhalb des Hanges hat man einen kleinen Stauweiher angelegt, an dessen Ufer eine Fischerhütte steht mit einem Einbaum, wie er im 17. und 18. Jahrhundert noch in Gebrauch stand. Ein Floß erinnert an die Zeit, in der solche noch aus Baumstämmen auf dem Kochelsee zusammengezimmert wurden und die Loisach hinunter bis Wolfratshausen fuhren. Auch die Fischerei und Jagd haben sich gewaltig geändert seit der Zeit unserer Großväter.
All das bringt das Museum auf der Glentleiten wieder in Erinnerung, und das mit Tiefblick auf den Kochelsee und Ausblick auf die umliegenden Berge.

Das Freilichtmuseum auf der Glentleiten, zwischen Murnau und Kochel, versetzt den Besucher in die Vergangenheit und zeigt, wie unsere Vorfahren auf dem Land lebten als es in Haus und Hof noch nicht so viel technische Hilfen gab.

Ein Besuch im Freilichtmuseum auf der Glentleiten in der Nähe des Kochelsees ist nicht nur für historisch Interessierte ein Gewinn, auch Familien mit Kindern macht es Spaß in der Vergangenheit spazieren zu gehen.

Benediktbeuern

Etwa 10 Kilometer nördlich von Kochel liegt Benediktbeuern mit seinem berühmten Kloster.

Zwei Brüder aus dem uralten Adelsgeschlecht der Huosi gründeten „Buron“ 739 im öden Moorgebiet der Loisach als vermutlich ältestes Kloster Oberbayerns. Als Karl der Große 790 den Mönchen das Armreliquiar des hl. Benedikt stiftete, wurde „Buron“ zu „Benediktoburum“, und sogar das dahinter aufragende Gebirge, heute Benediktenwand genannt, nahm den buchstäblich gesegneten Namen des Heiligen an. Heimsuchungen durch die Ungarneinfälle oder den Dreißigjährigen Krieg unterbrachen die Entfaltung des Klosters nur vorübergehend. Die Benediktiner mehrten ihre Güter im weiten Umkreis sowie in Tirol, wo sie Salzpfannen und Weinberge besaßen, die wilde Jachenau verwandelten sie in nutzbares Land, im Walchen- und Kochelsee führten sie die Fischerei ein. Das Kloster wurde das reichste im Oberland. Nebenbei förderten sie das geistige Leben, indem sie ringsum Schulen unterhielten, gelehrte Patres ihren Forschungen nachgehen ließen und eine eigene erlesene Gemäldesammlung und Bibliothek aufbauten. Im Hochmittelalter unterhielt das Kloster ein bedeutendes Scriptorium, eine Schreibschule und -stube also. Während der Säkularisation ging das meiste verloren, erhalten blieb immerhin jene ungemein vielfältige Sammlung von Gedichten, Liedern und Texten aus dem 13. Jahrhundert, die Carl Orff vertonte und zum Allgemeingut machte: die „Carmina Burana“.

1490 zerstörte ein Brand fast die gesamte Klosteranlage. Wie für das ganze Reich bedeutete der Dreißigjährige Krieg auch für die Bevölkerung Benediktbeuerns eine kaum überbietbar schlechte Zeit. Kriegshandlungen und Pestepidemien rafften die Hälfte der Einwohner dahin. Am Ende des 17. Jahrhunderts fand das Kloster zu alter Blüte zurück, wie die weitläufige, vom grünbe-

Drei Bilder der Klosterkirche von Benediktbeuern. Auf dem Deckenfresko über der Orgel ist auf dem Schild des Engels mit dem Flammenschwert deutlich das Tetragrammaton zu erkennen, das allgemein mit dem Gottesnamen Jehova wiedergegeben wird.

helmten Turmpaar der Kirche überragte Anlage, heute noch eindringlich vor Augen führt. Nach der Säkularisation wurde die Abtei zeitweise als Glashütte benutzt, der berühmte Physiker Joseph von Fraunhofer (1787-1826) führte hier seine Experimente durch. Seine Entdeckung eines Verfahrens zur Herstellung von Präzisions-Glaslinsen für astronomische Geräte ließ ihn in die Wissenschaftsgeschichte eingehen.

Nachdem das Kloster 1818 in Staatsbesitz übergegangen war, diente es als Kaserne und Invalidenhaus. Seit 1930 bewirtschaften es die Salesianer Don Boscos wieder im traditionellen Sinn. Unter anderem unterhalten sie ein Gymnasium, eine Jugendherberge und einen Kindergarten. Das harmonisch in der Wiesenebene zu Füßen der Benediktenwand gelegene Kloster imponiert schon aus der Ferne durch seine Ausdehnung. Eigentlich ist es ein ganzes Klosterreich. Die Anlage gruppiert sich um zwei Höfe, von denen besonders der festlich-weiträumige arkadenumgebene Westhof beeindruckt. Er umschließt neben den Gebäudetrakten auch die Westfassade und den Haupteingang der zweitürmigen Klosterkirche, eine der ältesten Barockkirchen Oberbayerns. Die Innenausstattung besitzt eine deutlich italienische Note. Die Fresken schuf Hans Georg Asam, Vater seiner berühmten Söhne und Nacheiferer Egid Quirin und Cosmas Damian, von denen letzterer hier geboren wurde.

Wessobrunner Stuck rahmt die Deckenbilder, die einen Christuszyklus von der Geburt des Herrn bis zum Jüngsten Gericht zeigen. Den formenreichen Stuck im Chor und an den Seitenwänden schuf Franz Doll. Oberhalb des monumentalen Altars aus rotem Marmor erinnert eine große Uhr an die Vergänglichkeit des Daseins. Sehenswert ist auch die acht Meter hohe Kanzel aus Ebenholz, die überreich mit Gold verziert ist.
Der von der schweren überreichen Stuckdekoration geprägten Kirche ist die heiter-verspielte Anastasiakapelle angefügt. Gebaut

wurde sie zum Dank an Anastasia, die im Januar 1704 das Eis auf dem Kochelsee zum Schmelzen gebracht haben soll, als die österreichischen Truppen im Klosterland einfallen wollten.

Das Isartal

Die im Karwendel bei Halleranger entspringende Isar (indogermanisch: „die Reißende"), fließt durch das Hinterautal nach Scharnitz und weiter in nördlicher Richtung nach Mittenwald und Wallgau, wo sich ihr Bett entlang der Flanken des Karwendelgebirges scharf nach Osten wendet. Auf diesem Weg wird das schäumende Wildwassser aus dem Karwendel nach und nach gebändigt, man gräbt ihr einfach das Wasser ab. Für das Walchensee-Kraftwerk wurde sie bei Krün so erheblich zur Ader gelassen, dass sie jahrzehntelang nur noch als Rinnsal über das breite Schotterbett floss, im Sommer oft vollständig austrocknete.
Zuletzt durch einen unterirdischen Kanal wird das Isarwasser dem Walchensee zugeleitet. Über den Kochelsee und die Loisach werden ihre Wasser erst nach Wolfratshausen wieder dem ursprünglichen Bett zugeführt, um wenigstens in München als „grüne Isar" anzukommen. Seit 1991 wird am Wehr bei Krün wieder so viel Wasser durchgelassen, dass von einem bescheidenen Fluss gesprochen werden kann. Die Münchner Prominenz und auch das Fernsehen, die damals nach Öffnung der Schleusen in Vorderriß anreisten, warteten lange Zeit vergeblich auf das Wasser. Statt weniger Stunden, wie erwartet, benötigte das Wasser vier Wochen, bis es 14 Kilometer weiter unten langsam dahertröpfelte.

Auch dem Rißbach, der von der Eng kommt, und bei Vorderriß in die Isar mündete, grub man das Wasser ab. Sein Wasser wird durch einen 7 Kilometer langen Stollen – unter dem Flussbett der Isar hindurch – dem Walchensee zugeführt.

Ein Abstecher in die Eng

In Vorderriß sollte man auf keinen Fall den landschaftlich herausragend schönen Abstecher in den Talwinkel der Eng versäumen (25 km).
Vorderriß (809 m), der an der Mündung des Rißbaches gelegene kleine Ort, ist fast ausschließlich von Holzarbeitern, Forstleuten und Grenzbeamten bewohnt. Das Forsthaus, wo Ludwig Thoma glückliche Kinderjahre verbrachte, und die kleine Kirche liegen hoch über der Isar auf einer Schotterterrasse.

Zwei Bilder, die vom Winter im Isartal erzählen.

Die Straße nach Hinterriß führt vom Gasthaus Post in südlicher Richtung am alten bayerischen Zollamt vorbei leicht ansteigend zum Almgelände der Oswaldhütte. Hier wird der Rißbach durch eine Wehranlage in den Stollen abgeleitet, der unter dem Isarbett hindurch zum Walchensee führt. Die Straße leitet weiter zur Klammbrücke (Landesgrenze), die anschließende Klamm und der obere Teil des Rißbaches ist ein Eldorado für Kajakfahrer. Die Hütten der Weitgriesalpe bleiben links liegen, nach 10 Kilometern kommt man nach Hinterriß (931 m), der idyllischen Siedlung an der Einmündung des Tor- und Rontales. Wenige Häuser für Holzarbeiter und Forstbedienstete, zwei Wirtshäuser, ein Zollhaus, eine kleine Kirche, das Jagdschloss des Herzogs von Coburg und der Jagdsitz eines belgischen Adeligen: das ist die einzige ganzjährig bewohnte Siedlung im Karwendel. Zur Fuggerzeit stand in dem abgelegenen Ort die Schmelze für verschiedene Erzbergwerke, von Knappen wurde auch die kleine Kirche erbaut. Hinterriß liegt in Österreich, ist aber nur über bayerisches Gebiet zu erreichen.

Von dort führt die Asphaltstraße zum Wirtshaus/Hotel Alpenhof (Mautstelle) und weiter in das Gebirgstal hinein 15 Kilometer zum Großen Ahornboden, jenen großartigen Talkessel mit bis zu 800 Jahre alten Ahornbeständen und weiten Almböden, die von den Nordwänden der Spritzkar-, Platten- und Grubenkarspitze – alle über 2500 Meter hoch – überragt werden. An der Einmündung des Binsgrabens ist auf 1218 Metern das Wirtshaus „In der Eng" erbaut. 600 Meter taleinwärts stehen noch 20 Almhütten (Eng-Alm), die nur zu Fuß erreichbar sind.

Die Eng ist Ausgangspunkt für alle Bergfahrten auf der Nordseite des Karwendel-Hauptkammes. Besonders lohnend ist der Aufstieg zur Falkenhütte (1846 m) unter den gewaltigen Wänden der Laliderer Spitze (2583 m). Durch die 800 Meter hohe geschlossene Wand und über die Nordkante an der rechten Begrenzung führen einige der berühmtesten Kletterwege des Karwendels. Die Erstbegehung der Kante im Schwierigkeitsgrad bis V in oft brüchigem Fels durch Otto, Christian und Paula Herzog im Jahr 1911 war eine herausragende alpinistische Leistung der damaligen Zeit.

Die Fahrt auf der Asphaltstraße in die Eng ist auch eine ungemein lohnende Fahrradtour. Leider ist an schönen Wochenenden die Zahl der PKW und Busse, die zum Ahornboden rollen, oft groß, zu groß ... – 1500 Autos und 30 Busse am großen Parkplatz in der Eng sind keine Seltenheit. Ruhe kehrt erst am Abend ein. Eine noch einmal andere Welt eröffnet der Winter: Nur bis zur Mautstelle wird die Straße geräumt. Eine Langlaufloipe ist der einzige Zugang in das dann gottverlassene Tal.

Auf dem Weg vom Großen Ahornboden zur Falkenhütte mit Kaltwasserkar- und Birkkarspitze.

Linke Seite und unten: Der Große Ahornboden mit der Grubenkarspitze.

Der Sylvensteinspeicher

Von Vorderriß ist es nicht mehr weit zur reizvollen Fjordlandschaft des Sylvensteinspeichers. Der wurde 1954-59 angelegt, um den Höhenunterschied von 26 Metern für die Stromerzeugung zu nutzen und das Land in Zeiten der Schneeschmelze vor Hochwasser zu schützen. Zuletzt hätte es beim Pfingsthochwasser 1999, als die Schmelze enormer Schneemengen und Starkregen zusammenkamen, ohne den Speicher sicher anders ausgesehen im „Isarwinkel“ hinter der Staumauer. Innerhalb kürzester Zeit stieg der Seespiegel damals um 15 Meter!

Stängelloser Enzian

Für den Bau des Stausees geopfert wurde das alte Dorf Fall, an dem die Isar einst in gischtenden Katarakten vorüberfloss, wie es Ganghofer in seinem Roman „Der Jäger von Fall“ anschaulich schildert. Zwar gibt es in der Nähe einen neuen Ort mit gleichem Namen, die Romantik des alten Fall jedoch ist unwiederbringlich verloren. Der zwischen bewaldeten Bergen eingebettete See, den eine elegant geschwungene, 400 Meter lange Brücke überspannt, ist ein beliebtes Ausflugsziel. Auch wenn er sein Wasser zum größten Teil anderen Zuflüssen verdankt, der Abfluss darf sich wieder Isar nennen. „Isarwinkel“ nennt der Volksmund liebevoll die flussabwärts liegenden Landschaften über Lenggries bis Bad Tölz hinab, deren Buschland, Wiesenauen und Geröllfelder streckenweise wieder eine wildromantische Isar aufnehmen.

Rechte Seite:
Obwohl künstlich angelegt, fügt sich der Sylvensteinspeicher harmonisch in die Landschaft ein.

Das winterliche Lenggries mit dem Brauneck.

Rechte Seite: Bad Tölz an der Isar.

Über Lenggries nach Bad Tölz

Eigentlich ist Lenggries der Hauptort des „Isarwinkels“, jener Tallandschaft zwischen Bad Tölz im Norden und dem Karwendelgebirge im Süden. Das Bild der Landschaft erklärt die Ortsbezeichnung, die sich aus dem „langen Gries“, den großen Geröll- und Kiesbänken am Isarufer ableitet. Kurz vor Lenggries mündet die Jachen, vom Walchensee kommend ein. Ein Teil des Wassers dürfte Original-Isarwasser sein, das bei Krün über den Obernacher Kanal abgeleitet wurde. Mit 242 km^2 Fläche ist Lenggries die flächenmäßig größte Gemeinde Deutschlands, jedoch stehen 60 % des Areals unter Landschafts- oder Naturschutz.

Die Geschichte der Ortschaft beginnt gegen Ende des 10. Jahrhunderts mit einer Grafenburg, dem heutigen Schloss Hohenburg, unter deren Schutz sich eine Siedlung bildete. 1297 wird „Lennengrieze“ erstmals urkundlich erwähnt. Genauso wie in Bad Tölz war die Flößerei die wichtigste Erwerbsquelle. Die Isar war ja eine Abzweigung der Rottstraße von Mittenwald, „Wasserrott“ genannt, die mit Zillen schiffbar war. Mit den Stadtgründungen von München (1158) und Landshut erhielt sie entscheidende wirtschaftliche Bedeutung. Nicht nur Handelsgüter und Baumstämme wurden auf dem Wasserweg befördert, sondern auch Reisende von Italien nach München oder via Donau weiter nach Wien.
Die mittelalterliche Burg wurde 1707 im Spanischen Erbfolgekrieg durch Feuer zerstört. Etwas westlich wurde ein Neubau errichtet, in dem heute eine Mädchen-Realschule samt Internat untergebracht ist.

Lenggries, das in den letzten Jahren stark gewachsen ist, hat außer seiner malerischen Lage im bergumrahmten Isartal und dem behaglich-stattlichen Ortskern auch kulturell Sehenswertes zu bieten. An vielen Häusern mit ihren weit ausladenden Giebeln findet sich Fassadenmalerei. Das Ortsbild prägt

die Stadtpfarrkirche St. Jakob, die Adam Schmidt aus München 1721 auf den Fundamenten eines gotischen Vorgängerbaus baute. Vom Kalvarienberg, auf dem das Schloss, die heutige Realschule, erbaut ist, hat man einen schönen Ausblick auf das Brauneck.

Bauernhaus im Tölzerland.

Vielleicht bekannter als der Ort selbst ist der Berg, mit dem man Lenggries gleich in Verbindung bringt. Das 1555 m hohe Brauneck ist die Hauptattraktion der Region.

Die Münchner schätzen den Berg als Skigebiet im Winter ebenso wie als Wanderparadies im Sommer. Das Brauneck stellt ein weitläufiges Gebirgsmassiv dar. Hat man mit der Kleinkabinenbahn den Gipfel erreicht, stehen einem viele Wanderwege offen, die teilweise gut als Rundtour kombiniert werden können. Tüchtige Wanderer zieht es wohl zum 1712 m hohen Latschenkopf hinüber. Besonders ausdauernde Bergsteiger schaffen von der Brauneckbahn aus sogar die 1801 Meter hohe Benediktenwand an einem Tag.

Bad Tölz

Seine frühe wirtschaftliche Blüte verdankt der Ort seiner Lage am Flussübergang der Salzstraße von Berchtesgaden ins Allgäu. Die Salzstraße durch Tölz soll es schon zur Römerzeit gegeben haben. Eine Siedlung von Fischern und Schiffern im Schutz einer Burg („Tollenz"), über deren Lage heute nur noch Vermutungen angestellt werden können, ist seit 1180 beurkundet.

Erst der Salzhandel und später die Flößerei machten die Stadt reich. Als sie 1453 ein Brand in Schutt und Asche legte, wurde sie wieder aufgebaut, und zwar weitgehend so, wie es dem heutigen Ortsbild entspricht.

Als gegen Ende des 15. Jahrhunderts die Wälder um München und im Unterland weitgehend gerodet waren, besann man sich auf den Holzreichtum des Isarwinkels. In der Zeit vom 16. bis 19. Jahrhundert entwickelte sich die Gegend zum größten Bau- und Brennholzlieferanten für die Landeshauptstadt. 1785 zählte man über 4000 Flöße mit beinahe 40 000 Bäumen, die Tölz verließen. 1865 sollen etwa 10000 Floßfahrzeuge in München angekommen sein.

Zu den berühmtesten Holzlieferungen aus dem Isarwinkel, auf die man besonders stolz war, zählten jene 140 Flöße mit je 15-16 Bäumen, die für den Dachstuhl der Münchner Frauenkirche Verwendung fanden. Teilweise bis Wien und Budapest wurde das Holz aus dem Oberland geflößt. Die Flößerei blieb die wichtigste Einnahmequelle in Tölz, auch als die Schwedenkriege des 17. Jahrhunderts und der Spanische Erbfolgekrieg den Einwohnern arg zusetzten. Im Rahmen letzterer schlossen sich viele Tölzer dem Marsch der Oberländer nach München an, der in der grausamen „Sendlinger Mordweihnacht" sein Ende nahm.

Schon 1649 hatte Kurfürst Maximilian I. eine Verfügung herausgegeben, wonach die Personenbeförderung auf der Isar von Tölz nach München niemand anders als den 24 Floßmeistern von Tölz erlaubt war. Die Flößer des Marktes waren verpflichtet, jeden Montag und Freitag um 7.00 Uhr in der Früh ein Floß nach München zu entsenden und gegen billigen Tarif Personen und Güter zu befördern. Wer zu der Zeit das Floß in Tölz bestieg, der hatte zwischen 12.00 und 14.00 Uhr – wenn nicht gerade sehr ungünstige Bedingungen herrschten – Anschluss zu den weiter flussabwärts liegenden Isar- und Donaustädten. Am sechsten oder siebten Tag konnte man Wien erreichen, was den Reisenden drei Gulden kostete. Sechs Gulden mussten die vornehmen Leute bezahlen, wenn sie die geheizte Bretterbude in der Mitte des Floßes mitbenutzen wollten.

Rechte Seite: Bad Tölz an der Isar vom Kalvarienberg aus.

An der Isarbrücke.

Im späten 17. Jahrhundert wurde in Tölz das Bierbrauen als Erwerbszweig bedeutsam. Wie so viele andere Dinge und Waren wurde auch das Bier von 23 Tölzer Brauereien auf der Isar nach München transportiert, dessen eigene Biere erst im 19. Jahrhundert zu Weltgeltung gelangten. Ebenfalls auf dem Wasserweg wurden die berühmten „Tölzer Möbel" weithin verfrachtet: bunte Schränke, Kästen, Himmelbetten, Wiegen aus Weichholz des 17. bis 19. Jahrhunderts, wobei die über Tölz hinaus im ganzen Isartal von Lenggries bis Wolfratshausen produzierten Waren dazugerechnet wurden.

Straßencafé in der Fußgängerzone von Bad Tölz.

Eigentlich besteht Bad Tölz aus zwei Städten, die durch die Isar getrennt werden. Auf der rechten Isarseite erstreckt sich die mittelalterliche Altstadt mit ihrer prächtigen Marktstraße.

Die Marktstraße, Kern der Altstadt, vermittelt ein Straßenbild von eindrucksvoller Geschlossenheit. Zahlreiche Häuser mit ihren markant vorspringenden Giebeldächern sind durch „Lüftlmalerei", meist aus dem 18. Jahrhundert, bunt und lebendig verziert. Erfreulicherweise wurde der Stadtteil zur Fußgängerzone erklärt. Straßencafés vermitteln zumindest an warmen Sommertagen ein beinahe südländisches Flair. Am Ende der Fußgängerzone befindet sich in einem ehemaligen Brauhaus das Heimatmuseum mit Exponaten aus der Stadtgeschichte vom 17. bis 19. Jahrhundert, das auf jeden Fall einen Besuch wert ist.

Auf der linken Isarseite ist das moderne Bad Tölz mit den Kureinrichtungen zu finden. Ein glücklicher Zufall führte 1845 zur Entdeckung der heilkräftigen Jodquellen, die Tölz zum Kurort und zu einer wohlhabenden Stadt machten. Einem Knecht war aufgefal-

Bad Tölz, Partie an der Isar.

Rechte Seite: Die Marktstraße in Bad Tölz wurde zur Fußgängerzone erklärt.

Raiffeisenbank

MODEHAUS SCHNELLER
TEXTIL SCHNELLER

len, dass kranke Tiere, Vieh und Wild, oft genasen, nachdem sie von der Quelle getrunken hatten. Das Wasser hat einen hohen Jodgehalt, was bei Herz- und Kreislauferkrankungen wie auch bei Gelenksbeschwerden hilft. 1899 wurde Tölz zum Heilbad befördert und darf seitdem den Titel „Bad“ führen. Neben den Kureinrichtungen – dem Kurpark mit der Trink- und Wandelhalle von 1913 – die der Gesundheit dienen, bietet das moderne Freizeitbad Alpamare unbegrenzten Badespass im Sommer und Winter. Am nahen Blomberg (1248 m) wartet die längste Sommerrodelbahn der Welt!

Nach dem Debakel der Mordweihnacht stiftete der kurfürstliche Salz- und Zollbeamte Friedrich Nockher einen Kalvarienberg zum Dank für die dem Tod Entgangenen. Die Anlage auf einer Anhöhe nördlich von Bad Tölz wurde eine der großartigsten dieser Art in Oberbayern. Sie beginnt mit einer Ölberggruppe am Fuß der Anhöhe und führt vorbei an mehreren Wegkapellen zur Hl. Kreuzkirche, dem Stadtwahrzeichen, und zur Leonhardikapelle. Dorthin führt mit der „Leonhardifahrt“ eine der schönsten Pferdewallfahrten Deutschlands. In den frühen Morgenstunden ziehen am 6. November Bauern und Bürger in alter Tracht mit über 70 festlich geschmückten vierspännigen Truhen- und Tafelwagen sowie mehreren hundert Pferden durch die historische Marktstraße auf den Kalvarienberg. Die Kapelle war von Anfang an das Ziel von Wallfahrern, um bei dem in ganz Oberbayern stark verehrten Schutzheiligen Segen für Tiere und Gefangene zu erbitten. Erst im 19. Jahrhundert wurde daraus eine organisierte Fahrt.

Linke Seite:
Das Denkmal von Kaspar Winzerer auf dem Marktplatz von Bad Tölz.

Straßencafés und Geschäftshäuser machen die Fußgängerzone zur guten Stube der Stadt.

Rechte Seite:
Der Tegernsee liegt in einem lieblich romantischen Tal. Nach Süden hin werden die Berge immer höher.

8. Tegernsee - Schliersee

Am Tegernsee wurde die Sommerfrische „erfunden". Als der bayerische König Max I. Joseph das Tegernseer Tal 1817 besuchte, gefiel es ihm dort so gut, dass er sogleich das nach der Säkularisation bereits halb abgerissene Klostergebäude erstand und zu seinem Sommersitz machte. Seine Begeisterung wirkte in der Residenzstadt ansteckend, sodass auch der Hof fast vollständig anreiste und die bessere Gesellschaft sich ringsum einkaufte.

Heute ist der Tegernsee der am stärksten besiedelte See Oberbayerns und eines der beliebtesten bayerischen Ausflugs- und Ferienziele. Die Nähe zu München (50 km) mag da eine Rolle spielen.
Eine Ferienlandschaft wie im Bilderbuch ist sie ja wirklich, die Gegend um den Tegernsee. Die Alm- und Waldberge ragen nicht schroff in den Himmel, sondern erheben

Biergarten in Kaltenbrunn bei Gmund.

sich eher sanftgeformt in Höhen bis 1800 Meter. Zu nennen sind der weithin bekannte Wallberg (1722 m), die Blauberge (bis 1861 m), der Hirschberg (1670 m) sowie Ross- und Buchstein (1697 bzw. 1698 m) an der Grenze zu Tirol. Das Freizeitangebot der Orte im Tal ist so abwechslungsreich wie die Natur.

Fünf Orte liegen um den 725 m hoch gelegenen, 6 km langen und 2 km breiten See: Gmund, anerkannter Luftkurort, Bad Wiessee, das Heilbad mit der stärksten Jodschwefelquelle Deutschlands, Rottach-Egern, Kreuth und Tegernsee – letztere als heilklimatische Kurorte eingestuft.

Hier zu kuren galt gerade bei der Prominenz von jeher als schick. Früher kamen der Kaiser von Österreich und der Zar von Russland.

Heute kommen viele Neureiche und Prominente, die das Tegernseer Land nicht selten zu ihrer Wahlheimat erwählten, was man leider auch am Preisniveau und im Sommer am Verkehrsaufkommen erkennen kann. Bei einem Bummel über einen der Friedhöfe findet man viele Gräber berühmter Persönlichkeiten wie Ludwig Erhard, Ludwig Thoma oder Olaf Gulbransson, um nur einige zu nennen.

Tegernsee

Wie in Benediktbeuern war es das Geschlecht der Huosi, das Mitte des 8. Jahrhunderts hier ein Benediktinerkloster stiftete und mit den Reliquien des hl. Quirinus aus Rom beschenkte.

Der wegen seines christlichen Glaubens in den Tiber geworfene Märtyrerheilige war von Glaubensgenossen heimlich begraben worden. Bald nach der Klostergründung sollen seine Reliquien von Rom nach Tegernsee

Frühling am Tegernsee.

Rechte Seite:
Schloss Tegernsee.

Im Vordergrund der Ort Tegernsee. Rechts oberhalb des Sees liegt BadWiessee, dahinter der Hirschberg und der Ochsenkamp.

Rechte Seite: Yachthafen von Gmund mit dem Hirschberg.

überführt worden sein. Kurz bevor der Zug das Ziel erreichte, legten die Träger eine letzte Pause ein. Als sie den Schrein danach wieder aufnahmen, soll darunter eine heilende Quelle entsprungen sein. Diesem Wunder verdankt die Kirche St. Quirin zwei Kilometer nördlich des Ortes Tegernsee seine Entstehung.

Obwohl nur noch etwa die Hälfte der ursprünglichen Anlage erhalten ist, wirkt das ehemalige Kloster an der Seestraße mächtig und imposant. Beinahe wäre die Klosterkirche nach der Säkularisation ebenso abgerissen worden wie das Klostergebäude. Zum Glück hatte man sie jedoch zur Pfarrkirche erklärt. Über dem Portal findet sich die Grabplatte der Stifter Adalbert und Otkar, deren Sarkophage unter dem Hochaltar ruhen. Die Vorhalle berichtet in den Fresken Johann Georg Asams von dem mit Wundern verbundenen Sterben des hl. Quirin.
Über 1200 Jahre gehörte das Kloster, bevor König Max I. Joseph es in ein Schloss umwandeln ließ, zu den bedeutendsten in Bayern. In seiner besten Zeit sollen ihm 12 000 Bauernhöfe unterstanden sein, die Besitzungen reichten von Schwaben über Niederösterreich bis Südtirol.

Das Schlossgebäude beherbergt heute ein Gymnasium, das Heimatmuseum und das „Herzoglich Bayerische Brauhaus" mit Schlosskeller und Bräustüberl. Letzteres ist weitbekannt und regelmäßig so voll besetzt, dass man in den Abendstunden nur mit Glück einen Platz findet.

Schlendert man durch den Kurort, wird man nicht satt, die schönen Häuser mit blumengeschmückten Balkonen und origineller Lüftlmalerei zu bewundern. Dabei fällt auch auf, dass viele Straßen und Gassen nach bekannten Persönlichkeiten aus Kunst und Politik benannt sind. Wie bereits erwähnt, hatten die meisten davon im Tegernseer Tal eine zweite Heimat gefunden. So auch der Volksdichter Ludwig Thoma (1867-1921), der sich besonders mit den „Lausbubengeschichten" in ganz Deutschland einen Namen machte. An der Straße „Auf der Tuften" (Nr. 12) kann man im „Ludwig-Thoma-Haus" sein Arbeitszimmer besuchen. Olaf Gulbransson lebte als Bauer auf dem Schererhof. Ihm zu Ehren wurde an der Seestraße ein Museum eingerichtet („Olaf-Gulbransson-Museum"), das u. a. die berühmten satirischen Zeichnungen zeigt, die der norwegische Grafiker, Maler und Karikaturist für den

Rechte Seite:
Die Brunnenfigur vor der
Jod-Schwefel-Therme.

Die gepflegte Sonnenpromenade
von Bad Wiessee.

„Simplicissimus" schuf. Auch Ludwig Ganghofer lebte und arbeitete im Tegernseer Tal, wo er sich von der Berg- und Seenlandschaft und wohl auch von der Urwüchsigkeit der Bewohner zu seinen Heimatromanen inspirieren ließ.

Bad Wiessee

Bad Wiessee am Westufer des Tegernsees ist die modernste unter den fünf Gemeinden am See. Nah hinter dem Ort ziehen ausgedehnte, geschlossene Bergwälder zu den Gipfeln des Mangfall-Gebirges, die Höhen um 1500 Meter erreichen. Zwischen den Bergen und dem See erstreckt sich eine Zone, die von lockerer Bewaldung und Weidewirtschaft geprägt ist. Bis ins 20. Jahrhundert hinein bestand der ganze, erstmals 1077 als „Wessens" erwähnte Ort nur aus ein paar zum Kloster Tegernsee gehörigen Bauernhöfen. Sogar die spitztürmige katholische Pfarrkirche wurde erst 1926 erbaut.

Schon sehr früh hatten Tegernseer Mönche angeblich Erdöl am anderen Seeufer entdeckt. 1909 fand man bei erneuten Bohrungen eine Jod-Schwefel-Therme. Dem Fund verdankt Wiessee seinen Aufstieg zum Kurort. Allerdings scheint die Quelle bereits den Mönchen des Spätmittelalters bekannt gewesen zu sein, jedenfalls verkauften sie ein „St. Quirinus Heilwasser" an die Pilger. Den Titel „Bad" gab es damals selbstverständlich noch nicht, ihn führt Wiessee seit 1922.

Damit war der Grundstein gelegt für eine Entwicklung, die dem Ort heute noch das Image des „Exklusiven" anhaften lässt. Sehen und gesehen werden: In Bad Wiessee tummelt sich alles was Rang und Namen hat.

Den idealen Rahmen dafür liefert natürlich auch die Spielbank am Seeufer. 1957 wurde in einem Café die erste Spielbank eröffnet, die wegen des großen Besucherandranges schon zehn Jahre später durch einen größe-

Rechte Seite:
Der Yachthafen von Gmund am Nordufer des Sees, wo ihn die Mangfall verlässt, die bei Rosenheim in den Inn mündet.

Glockenblumen

ren Neubau, das heutige Gebäude, ersetzt wurde. Ein weiterer Neubau für 35 Millionen Euro ist projektiert, die Fertigstellung 2004 geplant.

Oft werden in den Prospekten der Spielcasinos Geschichten berichtet von Gästen, die für einige Mark (heute Euro) Einsatz Zehntausende Gewinn machten. Dass es oft auch andersherum ausgeht, davon hört man selten etwas.

Die Gemeinde hat auch sonst viel getan, um dem Kurgast oder Urlauber den Aufenthalt so angenehm und unterhaltsam wie möglich zu gestalten. Um das Kurzentrum finden sich aufwändig gestaltete Parkanlagen, am See eine kilometerlange Uferpromenade. Viele Wandermöglichkeiten und Mountainbike-Parcours bietet das bergige Hinterland. Natürlich darf bei einem Nobelkurort auch ein Golfplatz nicht fehlen.

Der Tegernsee mit dem Wallberg von Bad Wiessee aus.

MB-472
MB-150

Der „Überfahrer-Sepp“ rudert immer noch, vielleicht steht er unter Denkmalschutz wie die alten Häuser.

Gmund

Obwohl das Tor zum Tegernsee, wird Gmund, dem nördlichsten Ort, zu wenig Beachtung geschenkt. Für die meisten Reisenden, die von München her über die Autobahn ankommen, ist es nur ein Durchgangsort. Man sollte sich aber einmal die Zeit nehmen, über die Seepromenade zum Ortsteil Kaltenbrunn zu wandern, wo man in einem Biergarten unter schattigen Bäumen sitzen und den großartigen Blick über den gesamten See mit dem Wallberg genießen kann.

Rottach-Egern

Zwischen dem Ort Tegernsee und Rottach-Egern ist der Uferbereich geschlossen bebaut. Die Egerner Bucht im äußersten Südosten des Tegernsees wirkt wie ein kleiner See für sich. An der Seestraße, die Egern mit Rottach verbindet, steht die Pfarrkirche St. Laurentius mit ihrem spitzen, von weitem

Rechte und nächste Doppelseite: Rottach-Egern am Tegernsee.

Blauer Eisenhut

Rechte Seite:
Der Blick vom Wallberg auf den Tegernsee und seine Ortschaften.

sichtbaren Turm. Der heutige Bau von 1466 im noch gotischen Stil erhielt 1671/72 eine üppige barocke Stuckierung. Zusammen mit den vornehmen Hotels am Seeufer präsentiert sich die Kirche am attraktivsten vom Malerwinkel aus. Dort befindet sich auch die Anlegestelle des Ruderkahns, den der „Überfahrer-Sepp" bei Bedarf seit eh und je zur „Point" in Tegernsee hinüberrudert.

Der Doppelname belegt, dass es sich um zwei im Lauf der Zeit zusammengewachsene Orte handelt. In Rottach war seit alters die Landwirtschaft angesiedelt, Egern gelangte durch die seit dem 11. Jahrhundert belegte Pfarrei St. Laurentius zu Bedeutung. Bekannt wurde die Gemeinde durch die Zuwanderung vieler prominenter Dichter, Maler und Schauspieler.

Der Wallberg

Im Süden hinter dem Tegernsee aufragend zieht der Wallberg (1722 m) die Blicke auf sich. Das Wahrzeichen des Tegernseer Tales ist wegen seiner großartigen Aussicht auf den See und in die Berge eines der beliebtesten Ausflugsziele Oberbayerns. In drei Stunden ist der Gipfel zu Fuß leicht zu schaffen. Die Fahrt mit der Seilbahn, von Oberach aus, dauert 13 Minuten.
Als weitere Möglichkeit kann man mit dem Auto die mautpflichtige Wallbergstraße bis zur Moosalm hinauffahren und von dort in einer Stunde zum Wallberghaus (1512 m, mit Sonnenterrasse) und Wallbergkirchlein hinaufwandern.

Aurikel, „Gamsbleame" genannt.

Auch die Seilbahn bringt ihre Gäste nicht bis zum höchsten Punkt. Die Bergstation liegt auf 1620 Meter. Der Marsch über eine halbe Stunde zum Gipfel wird mit einer grandiosen Aussicht nach allen Richtungen belohnt.
Im Norden liegt das Tegernseer Tal, im Süden überblickt man Schinder, Risserkogel und mehrere Karwendelspitzen, im Osten die Rotwand und den Wendelstein, im Westen schließlich den Hirschberg, Sollberg und

Schlüsselblumen

Rechte Seite: Valeppalm mit dem schneebedeckten Schinder.

Rossstein bis zum gewaltigen Wettersteinmassiv mit der Zugspitze.

Das Wallberggebiet ist die touristisch am besten erschlossene Berggruppe des Tegernseer Tales. Die Anstiege zum Wallberg, Setzkogel und Grubereck sind leicht, der Risserkogel dagegen erfordert auf allen Anstiegen Trittsicherheit und Schwindelfreiheit. Im Winter bietet der Wallberg ein teilweise anspruchsvolles Skigelände.

Valepp

15 Kilometer von Rottach-Egern entfernt liegt in der Nähe des Spitzingsees das landschaftlich wundervolle Wandergebiet der Valepp. Besonders lohnend ist eine Radtour dorthin. Von Rottach-Egern geht es am linken Uferweg an der Rottach entlang bis zur Brücke von Kalkofen, wo das Flussufer links hinauf in Richtung Kühzagl verlassen wird.

Die Weiße Valepp begleitet uns bis zur Valeppalm.

Bei den Häusern von „Enterrottach", was soviel wie „über der Rottach" bedeutet, steigt die Straße (Beschilderung Valepp) etwas an. Bald kommt man zu der Stelle, wo ein Fußweg zum 25 Meter hohen Rottachfall abzweigt. Der kleine Umweg ohne Rad lohnt sich. Auf der schmalen Asphaltstraße geht es weiter zur Monialm, von wo ein Sessellift zum Stümpfling (1500 m) hinaufführt, und an den Rottachquellen vorbei hinauf zur Passhöhe des Wechsels. Von dort geht es nur noch abwärts, an der Weißen Valepp entlang bis zum Forsthaus Valepp im 1014 m hoch gelegenen Gebirgstal. Bis hierher kann man, nach Entrichtung einer Mautgebühr, auch mit dem PKW fahren. Vom bewirtschafteten Forsthaus führt die neu asphaltierte Straße entlang der Roten Valepp landschaftlich einmalig reizvoll über 10 Kilometer weiter zum Spitzingsee (Schranke). Wer es bequem haben will, kann den Linienbus benutzen, der auf der für Privatfahrzeuge gesperrten Straße verkehrt.
Der Radfahrer kann vom Spitzingsee über den Schliersee und Hausham zum Tegernsee zurückfahren. Bei dem 50 Kilometer langen Rundkurs von Gmund nach Gmund am Tegernsee sind insgesamt etwa 500 Höhenmeter zu bewältigen.

Wildbad Kreuth

Bestehend aus 17 Ortsteilen erstreckt sich Kreuth vom Tegernsee durch das weite Flusstal der Weißach bis zur Landesgrenze nach Tirol. Die Bundesstraße, die von Rottach-Egern rechts der Weißach nach Süden in Richtung Tirol führt, hat ein reges Verkehrsaufkommen, ist sie doch eine schnelle Verbindung zum beliebten Sylvensteinsee und Achensee sowie ins Zillertal.
Radfahrer werden auf ihr wenig Vergnügen finden. Zum Glück ist auf der anderen Flussseite eine als Fahrradweg ausgewiesene Forststraße angelegt, auf der man stressfrei nach Kreuth und Wildbad Kreuth radeln kann.

Das Rathaus von Tegernsee unmittelbar am Seeufer passt ausgezeichnet in die Landschaft.

Rechte Seite: Das Schloss Tegernsee war viele Jahre ein Kloster.

Idyllisch in die Landschaft eingebettet, blickt das ehemalige Bad (850 m) auf eine 500-jährige Geschichte zurück. Der Sage nach durchstreifte einmal ein Jäger auf der Suche nach einer waidwunden Hirschkuh die Wälder zwischen dem Weißachtal und dem Blauberg. Die Schweißspur führte ihn an den Fuß des Hohlensteins, wo ein armdicker Quell entsprang. Dort sah er, wie das Tier, vom Instinkt geleitet, Heilung durch das Wasser suchte. Nachdem er davon Bericht gegeben hatte, suchten bald Bauern und Hirten aus dem Kreuther Tal wegen verschiedenster Gebrechen die Quelle auf. 1490 findet man sie zum ersten Mal als „Bad Sankt Leonhard" in den Annalen erwähnt. Zu größerer Bedeutung gelangte der Ort, als König Max I. Joseph die lange bestehenden Anlagen aufkaufte und 1822 die Molkekur einführte. In Siebenhütten, eine Viertelstunde weiter hinten im Tal, hielt man über 500 Ziegen zur Gewinnung der Kurmolke. Für den damaligen Adel gehörte es zum guten Ton, sich im Wildbad kurieren zu lassen. Eine zusätzliche Attraktion war das Jagen in der wildreichen, damals kaum erschlossenen Umgebung.

1945 fiel das Bad einem Brand zum Opfer. 1956/57 wurde es als Sanatorium wieder aufgebaut, seit 1974 dient das am Rand einer großen Gebirgswiese erbaute, stattliche Gebäude der Hanns-Seidel-Stiftung als Tagungsstätte. Regelmäßig rückt seitdem der Ort immer wieder ins Zentrum des öffentlichen Interesses, besonders wenn die Klausurtagungen der CSU-Führung stattfinden, die hier ihre politischen Leitlinien erarbeitet und veröffentlicht. Neben dem Gebäude der Stiftung steht noch ein altes Bauernhaus und eine Badekapelle, in der sich zur Zeit der Wittelsbacher der Badebetrieb abspielte.

Wer schon hier ist, sollte noch über den „Kiem-Pauli-Weg" zum nahen Almgelände von „Siebenhütten" weiterwandern. Die an einem Bogen der Hofbauernweißach sehr schön gelegene Alm (867 m) ist als Brotzeitstation eingerichtet. Benannt ist der Weg nach dem bekannten Volksmusikanten Kiem Pauli (1882-1960), Ehrenbürger der Gemeinde Kreuth seit 1951, dem es zu verdanken ist, dass viele bayerische Volkslieder vor dem Vergessen bewahrt blieben. Dort hinten konnte man ihn oft mit seinen Musikfreunden singen und spielen hören. Er war Lehrer der besten volkstümlichen Musik- und Gesangsgruppen und Mitinitiator des ersten Volksliedsingens des Bayerischen Rundfunks und der Akademie 1930 in Egern.

Der Achensee

Vom Tegernsee aus gesehen genau im Süden liegt der größte See Tirols, der Achensee, der auf jeden Fall einen Abstecher wert ist. Von Wildbad Kreuth führt die Straße immer leicht bergauf zum unscheinbaren Achenpass (941 m) – jenseits dessen man rechts zum Sylvensteinspeicher abzweigen könnte – und weiter zur Kaiserwacht, wo die Grenze zu Österreich überschritten wird. Entlang des Achenbaches, der bis 1927, dem Bau des Kraftwerkes in Jenbach/Inntal der natürliche Abfluss des Achensees war, ist die Straße angelegt. Um die 380 Meter Gefälle ins Inntal für die Stromerzeugung zu nutzen, verlegte man den Abfluss an das südliche Seeende. Statt in die Isar fließt das Achenseewasser seitdem in den Inn.

Der 930 Meter hoch gelegene Achensee zählt wohl zu den schönsten Alpenseen überhaupt.

Die landschaftlichen Reize der Gegend, zu der auch das Naturschutzgebiet Karwendel gehört, zog nicht nur Kaiser Maximilian I. in seinen Bann, sondern auch zahllose Schriftsteller und Maler. Eingebettet zwischen Karwendel und Rofan ist der 9,4 km lange, 1 km breite und 133 Meter tiefe See nicht nur der größte, sondern auch der tiefste See Tirols.

In den Sommermonaten besitzt er seinen normalen Wasserstand. In der wasserarmen Zeit von Oktober bis März wird für die Stromerzeugung mehr Wasser benötigt als

zufließen kann, sodass der Seespiegel um bis zu 10 Meter sinkt.

Schon seit der zweiten Hälfte des 19. Jahrhunderts ist der Achensee ein begehrtes Ziel zur Sommerfrische. Mit Zunahme des Tourismus ging 1887 das erste Ausflugs-Dampfschiff, die „St. Josef", in Betrieb. Heute umfasst die Achenseeflotte vier Schiffe, von denen das größte 600 Personen befördern kann. Sogar die historische „St. Josef" steht, nach ihrem Umbau 1951 immer noch in Betrieb.

Hoch über dem linken (östlichen) Seeufer hat man eine moderne Schnellstraße gebaut, auf der man, an den Ortschaften Achenkirch am Nord- und Maurach am Südende des Sees vorbei, schnell hinab ins Inntal gelangen kann. Von Maurach überwindet die Rofanseilbahn in wenigen Minuten 860 Höhenmeter zur Bergstation (1840 m) neben der Erfurter Hütte. Der Hauptferienort am Achensee, Pertisau, liegt am westlichen Ufer. Das Westufer des Sees von Pertisau bis Achenkirch ist nur Fußgängern zugänglich. Vom Ortsrand von Pertiasu ziehen zwei landschaftlich außergewöhnlich schöne Täler ins Karwendelgebirge hinein, das eine, acht Kilometer lang, zur Gramai-Alm (1267 m) unterhalb von Lamsenspitze, Sonnjoch und anderen markanten Karwendelbergen, das andere fünf Kilometer zur Gern Alm (1172 m). Beide sind nach Entrichtung einer Maut mit PKW erreichbar, am meisten hat aber der von der Landschaft, der mit dem Fahrrad unterwegs ist.

Herbst am Achensee.

Rechte Seite:
Der Achensee mit Pertisau und dem Karwendelgebirge.

Rechte Seite:
Partie am Seehamer See an der Autobahn München-Salzburg.

Miesbach

Ziemlich genau auf halber Strecke zwischen Tegernsee und Irschenberg liegt die Kreisstadt Miesbach, Hauptstadt des gleichnamigen Landkreises.
Weil die Stadt dem klein- und mittelständischen Gewerbe Platz zum Expandieren bot, ist die Altstadt von reichlich Industrie umgeben, historische Spuren sucht man in dem Mittelpunkt des Oberlandes zunächst vergeblich. In der Altstadt erwarten die Einkäufer in verwinkelten Gassen viele kleine Geschäfte, in denen man noch Zeit zur persönlichen Beratung hat.
Der Stadtkern erinnert noch ein wenig an ihre Tradition als ehemalige Salzstadt, die durch ihre Lage an der Kreuzung zweier wichtigen Salzhandelsrouten zu respektablem Wohlstand kam.
Die historische Bausubstanz reicht allerdings kaum über das Jahr 1783 zurück. Beim zweiten großen Stadtbrand, der erste war 1527, brannte die ganze Stadt bis auf ein paar Gebäude nieder. 1114 wird der Ort in einem Vertrag zwischen Bischof Heinrich von Freising und Abt Aribo von Tegernsee erstmals erwähnt. Ab dem 12. Jahrhundert gehört sie zum Bistum Freising, dessen Erbvögte, die Herren von Parsberg, das Gebiet von ihren Burgen aus regierten. Von den Burgen ist nichts übrig geblieben. 1353 wird die heutige Pfarrkirche (damals „am Rosenbühel") erwähnt, die 1783 ebenfalls fast vollständig ein Raub der Flammen wurde. In ihre Nachfolgerin, die Pfarrkirche Mariä Himmelfahrt, integrierte der Münchner Architekt Anton Baumgartner Reste des gotischen Vorgängerbaus, die den Brand überstanden hatten.
In Miesbach wird ein reichhaltiges Brauchtum gepflegt, bemerkenswert sind die prachtvollen Trachten. Dass man es versteht, Feste zu feiern, das sieht man schon an dem mächtigen Maibaum – einem der höchsten in ganz Bayern. Nebenbei behaupten Kenner, dass in Miesbach das beste Weißbier weit und breit gebraut wird. Nicht zu verachten ist auch der stark riechende und gerade deshalb so hervorragende Miesbacher Käse.
Auf dem Weg von Miesbach nach Schliersee

Die Kreisstadt Miesbach liegt im Tal der Schlierach, die aus dem Schliersee kommt und in die Mangfall mündet.

kommt man an Agatharied vorbei, wo in der Pfarrkirche St. Agatha schöner Stuck und einige spätgotische Figuren zu besichtigen sind. Im kleinen Ort Hausham kurz vor Schliersee wurde bis nach dem Zweiten Weltkrieg Kohle abgebaut. Dass die ganze Umgebung schwarz und schmutzig war, war wohl auch ein Grund, dass die Gegend um den Schliersee, im Gegensatz zum Tegernsee, lange von der Prominenz gemieden wurde. Das gehört jedoch längst der Vergangenheit an. Hausham entwickelte sich zu einem, wegen seiner zentralen Lage inmitten von Seen und Bergen beliebten, schmucken Urlaubsort.

Rechte Seite:
Erker am Rathaus von Schliersee.

Der Schliersee

Oft als kleiner Bruder des berühmten Tegernsees bezeichnet, führte der Schliersee bis vor wenigen Jahrzehnten noch eher ein Schattendasein. Das hat sich geändert und viele Naturfreunde geben dem See gerade wegen der geringeren Besiedelung und des viel kleineren Trubels den Vorzug. Ein Großteil seiner Ufer sind unbebaut. Im Norden liegen sanfte Moränenhügel, im Süden gemäßigte Berge, die felsige Pyramide der Brecherspitze (1683 m), im Westen flankiert von der Bodenschneid (1669 m), im Osten vom Spitzingsattel und dem Jägerkamp (1746 m). Wiesen und Baumlandschaften charakterisieren die nähere Umgebung des Sees.
Am Nordufer liegt der Ort Schliersee (785 m) mit seinem glanzvollen Mittelpunkt, der prächtigen St. Sixtuskirche, deren Inneres im Stil des Rokoko ausgeschmückt ist, mit Deckengemälden und dezentem Stuck von Johann Baptist Zimmermann. Ihr spitz aufragender Turm fällt von weitem auf. Im Ort finden sich viele alte, schön bemalte Häuser. In erster Linie ist das Rathaus zu nennen, das erst 1920 aus dem Richterhaus von 1477 hervorging. Die gekonnten Zimmermannsarbeiten im Obergeschoss, der liebevoll mit bäuerlichen Motiven bemalte Erker und die üppigen Blumenkästen machen es zu einem Schmuckstück des Ortes. Schön anzusehen sind auch viele, mit Lüftlmalereien verzierte Hotels und Bauernhäuser. Einen guten Ruf hat das 1892 von Xaver Terofal begründete Bauerntheater mit eigenem Bühnenhaus.

Wanderern ist ein Seerundgang zu empfehlen, für den zwei bis zweieinhalb Stunden veranschlagt werden sollten. Am westlichen Ortsrand kommt man am 1972 neu erbauten Kurzentrum mit Hallenbad, Sauna und medizinischen Anwendungen vorbei, in dessen Park unmittelbar am Seeufer es sich weitab vom Straßenlärm bestens ausspannen lässt.
Zur Schliersbergalm (1061 m) führt eine Gondelbahn, von wo man eine schöne Aussicht hat. Im Sommer kann man auf verträumten Wegen ins Tal wandern oder die 1000 Meter lange Sommerrodelbahn benutzen, im Winter tummeln sich die Schifahrer auf den nicht sehr anspruchsvollen Hängen. Zum berühmtesten Skisportler Schliersees wurde Markus Wasmeier, der bei der Olympiade 1994 in Lillehammer die Goldmedaille in der Abfahrt holte und seitdem „Gold-Wasi" genannt wird.

Einen zeitlosen Helden, dem sogar ein Lied gewidmet ist, besitzt die Gemeinde seit dem 6. November 1877: „Es war ein Schütz in seinen besten Jahren, der ward´ hinweggeputzt von dieser Erd..." Die meisten Bayern kennen das Lied vom Wildschützen Georg Jennerwein, der an diesem Tag am Hohen Peißenberg bei Schliersee vom Jagdgehilfen Pföderl hinterrücks erschossen wurde. Die ungeschickte Inszenierung eines Selbstmordes wurde gleich durchschaut, der Täter bald verdächtigt und ihm der Prozess gemacht. Schließlich waren es aber seine Landsleute, die sehr viel strenger mit ihm ins Gericht gingen als die Geschworenen im Münchner Schwurgericht. Die Strafe von acht Monaten Gefängnis unter Abrechnung der Untersuchungshaft war, wie man sagen muss, ein

doch recht mildes Urteil für einen Mord. Aus dem Gefängnis entlassen verlor er jedoch seine Stellung und begegnete überall nur Spott und Verachtung – mehr als er ertragen konnte. Pföderl verfiel dem Säuferwahn, wurde krank und starb schließlich wenige Jahre später. Der Erschossene jedoch, der Jennerwein Girgl, lebt bis in der heutigen Zeit in der Volksseele weiter. Er ist so beliebt wie damals, als er Gamsen und Dirndln nachstieg. Im Friedhof von Westenhofen liegt Jennerwein begraben, das Grabkreuz von 1877 ist noch original erhalten. Noch heute soll es immer wieder vorkommen, dass ihm nicht nur frische Blumen aufs Grab gelegt werden. „Unbekannter legte zum 99. Todestag des Schützen Gams aufs Grab..." stand beispielsweise am 8. November 1976 in der Münchner Merkur.

Linke Seite und unten:
Der Schliersee mit dem gleichnamigen Ort ist in eine Mulde am Rand des Gebirges eingebettet. Im Süden dominiert die mächtige Brecherspitze. Der tiefe Einschnitt links ist der Spitzingsattel, über den die Straße zum Spitzingsee hinaufführt.

Spitzingsee

Blickt man vom Ort Schliersee über den See in Richtung der Berge fällt zwischen Brecherspitze und Jägerkamp sogleich ein großer Einschnitt auf: Durch ihn verläuft die Spitzingstraße zum gleichnamigen, 1085 Meter hoch gelegenen See.
Bemerkbar macht sich die Nähe zu München, egal ob Sommer oder Winter: Obwohl es tausende gebührenpflichtiger Parkplätze gibt, reichen sie an schönen Tagen oft nicht aus, was natürlich auch für die landschaftlichen Reize der Gegend spricht.

Dunkle Fichtenwälder umrahmen den kleinen See, ringsum liegen waldreiche, bis 1800 Meter hohe Berge. Seilbahnen und Sessellifte erschließen ein großartiges Wander- und Skigebiet. Im Winter stehen den Skifahrern drei Bergbahnen und 16 Lifte als Aufstiegshilfen zu Verfügung, 30 Abfahrten sind schneesicher oft bis in den April hinein. Die längsten Lifte führen auf den Taubenstein (1693 m) und Stümpfling (1506 m).

Im Sommer sollte man sich eine Wanderung (1-1 1/2 Std.) um den See nicht entgehen lassen. Am Westufer liegt der kleine Ort Spitzingsee, der außer einem Kirchlein eigentlich nur aus Gasthäusern und Hotels besteht. Wenn am Abend die Blechlawine den Ort in Richtung Tal verlassen hat, wird es wieder so ruhig am Spitzingsee wie in alten Zeiten und der Mond spiegelt sich in ihm als ob es keine Menschen gäbe.

Alle drei Bilder zeigen den Spitzingsee mit dem gleichnamigen Ort.

Brecherspitze

Die Brecherspitze ist ein markanter Gipfel zwischen Schliersee und Spitzingsee, der auf mehreren Wegen leicht erstiegen werden kann und sich entsprechender Beliebtheit erfreut.
Am schnellsten und einfachsten ist der Gipfel vom Spitzingsattel (1100 m) zu erreichen. Von dort bis zur Oberen Firstalm (1369 m) verfolgt man die Forststraße in Richtung Westen. Weiter geht es entlang des Skiliftes zum Vorgipfel (1600 m) und über den Westgrat zum Hauptgipfel (1683 m, insgesamt 1½-2 Std.) in der Form einer ebenmäßigen Pyramide. Vom Gipfel bietet sich eine prachtvolle Aussicht über das Alpenvorland im Norden und das gesamte Spitzingseegebiet sowie zahlreiche Berge der bayerischen Alpen bis zu den vergletscherten Zentralalpen auf der anderen Seite. In nächster Nähe steht der bekannte Wallberg, weit drüben im Westen das Wettersteingebirge mit der Zugspitze. Die Wanderung über die ganzjährig geöffnete Firstalm zur Brecherspitze ist auch im Winter eine beliebte Tour.
Vom Spitzingsattel geht man 2-2½ Std. auf die Brecherspitze.

Linke Seite:
Blick von der Brecherspitze auf den Schliersee. Dahinter sind Hausham und Miesbach zu sehen.

Murmeltier

Auf der Brecherspitze genießt man eine großartige Rundsicht. Im Westen bilden die Karwendelgipfel und das Wettersteinmassiv den Horizont. Gleich unter uns ist die untere Firstalm zu sehen, auf der gerade ein Ballon startet.

Die Bilder rechts zeigen den Tiefblick auf den Spitzingsee und die Aussicht nach Osten, wo Breitenstein und Wendelstein dominieren. Im Tal kann man Fischbachau erkennen.

Taubenstein und Rotwand

Eine interessante Höhenwanderung lässt sich mit Hilfe der Taubensteinbahn durchführen. Die Kabinenbahn führt vom Ostufer des Spitzingsees zur Bergstation auf 1592 Meter, genau 100 Meter unter dem Taubensteingipfel. Die Station ist Ausgangspunkt für viele kleinere und größere Wanderungen. Lohnend ist zum Beispiel der Weg zur Rotwand (1884 m), der östlich des Spitzingsees gelegenen höchsten Erhebung der Schlierseer Berge. Seinen Namen verdankt der Berg dem rötlichen Gestein der felsigen Erhebungen in der Nähe des Hauptgipfels. Von der Taubensteinbahn ist der Gipfel auf einem aussichtsreichen Weg in knapp 1 1/2 Std. leicht erreichbar und dementsprechend beliebt bei den Bergwanderern.

Kurz unter dem Gipfel des Taubensteins, den man natürlich mitnimmt, führt der Weg nach Süden und nach einer Gabelung am schmalen Rücken des Lempersberges empor. Weiter geht es zur Westflanke der Rotwand und auf deren Kante zum Gipfelkreuz. Die Aussicht ist überragend. Eine große Aussichtsplatte hilft bei der Identifikation der zahlreichen Gipfel. Direkt gegenüber erblickt man die Westwand der Ruchenköpfe, im Süden die breite Mauer des Hinteren Sonnwendjoches, an dem vorbei die Aussicht weit in die Zentralalpen reicht.

Wer nicht zur Seilbahn zurückgehen will, hat die Möglichkeit, über das Rotwand-Unterkunftshaus und die Wildfeldalm zum Spitzingsee hinunterzuwandern. Der Weg ist bequem aber lang (im Abstieg 2 1/2 Std.).

Blick vom Taubenstein über das Taubenstein-Haus auf den Wendelstein.

Die Rotwand, 1884 m, und der Lempersberg. Links im Kar sieht man die Kleintiefental-Alm.

Das Rotwand-Haus mit der Rotwand.

Fischbachau

Nördlich der Strecke vom Schliersee nach Bayrischzell liegt das typisch bayerische Dorf im Leitzachtal. Der Name lässt darauf schließen, dass der Fluss durch die sonnige, weit ausgebreitete Au einst sehr fischreich gewesen sein muss. Schön ist der Blick auf den Wendelstein und das Rotwandgebirge. Hierher kamen die Benediktinermönche von Bayrischzell 1085, als ihnen die Lebensbedingungen „daheim“ nicht mehr gefallen wollten, worauf ihnen die Gräfin Haziga von Scheyern eine Kirche erbauen ließ. Die Münsterkirche St. Martin, in der Anlage ein romanischer Bau (geweiht um 1110), wurde im 17. und noch mehr im 18. Jahrhundert erheblich umgebaut. Zwar blieb die Grundform des Langschiffs erhalten, der Innenraum aber wurde, ganz nach der damaligen Mode, total barockisiert. Weißblau-golden war feierlich, da wollten die Fischbachauer nicht abseits stehen. Das alte Klostergebäude wird heute als Rathaus und Verkehrsamt genutzt. Gegenüber von St. Martin steht die Wallfahrtskirche Mariä Schutz, ein spätgotischer Bau, der ebenfalls barockisiert wurde.

Einen Kilometer südöstlich von Fischbachau liegt auf einer Waldlichtung unter dem Breitenstein das Kirchlein Birkenstein. Sie beherbergt ein Mariengnadenbild aus dem 15. Jahrhundert, außerdem sind die Wände über und über mit Votivtafeln bedeckt. Da der Mai im katholischen Bayern der Marienmonat ist, kommen alljährlich an „Christi Himmelfahrt“ viele hundert Pilger hierher. Der Parkplatz der Kirche ist zugleich Ausgangspunkt für eine Besteigung des Breitensteins.

Die schönen Gebirgshängenelken, die hier am Balkon mit Geranien und Petunien gemischt sind, findet man heute nicht mehr so häufig wie früher.

Rechte Seite: Fischbachau im zauberhaften Leitzachtal.

Der Breitenstein

Der Breitenstein (1622 m) ist ein Berg, der im Sommer und Winter gern erstiegen wird. Entsprechend viele Wanderer sind auf dem nicht sehr steilen Weg hinauf zur bewirtschafteten Kesselalm (1275 m) und zur Hubertushütte (1535 m), die bereits kurz unter dem Gipfel steht, unterwegs.

Vom Schweinsbergsattel (1350 m) bis zur Hubertushütte führt der Weg interessant und kurzweilig durch eine schrofige Felsflanke. Vom Sattel kann in einer ½ Std. leicht der Schweinsberg „mitgenommen" werden. Die Gehzeit von Birkenstein zum Breitensteingipfel beträgt etwa 3 Std.

Oben: Der Wendelstein vom Schweinsbergsattel.

Unten: Der Breitenstein, 1622 m.

Elbach mit dem Breitenstein.

Blick auf Fischbachau.

Bayrischzell

Ein richtiges bayerisches Bilderbuchdorf ist Bayrischzell. Um 1075 war der Ort, wenn auch nur für wenige Jahre, Sitz eines Klosters, daher kommt das „Zell" im Ortsnamen. Als es den Möchen zu unwirtlich wurde, zogen sie weiter in die Fischbachau (1085). Sie schienen, was die Wahl einer geeigneten Örtlichkeit betrifft, recht wählerisch gewesen zu sein: 1104 übersiedelten sie auf den Petersberg bei Dachau, erst 1119 ließen sie sich schließlich in Scheyern endgültig nieder. Von der Klosterkirche blieb jahrhundertelang nur ein Provisorium als Filiale von Fischbachau. Erst 1733 entstand unter Einbeziehung des alten Turmes die Pfarrkirche St. Margaretha.
Das Innere des äußerlich einfachen Baues ist zart stuckiert und mit Fresken von Melchior Pucher versehen. Sehenswert ist auch der frühbarocke Hochaltar mit den vergoldeten Schnitzfiguren der „drei heiligen Madln" Barbara, Katharina und Margaretha.
Bis ins 19. Jahrhundert bestand der ganze Ort nur aus fünf Höfen wohlhabender Viehbesitzer, die man noch heute, wenn auch verändert, im Ortskern vorfindet. Behäbige Bauernhäuser mit viel Holz und leuchtend roten Geranien auf den kunstvoll geschnitzten Balkonen prägen das Ortsbild. Bayrischzell ist ganz auf den Fremdenverkehr eingestellt und hat im Sommer und Winter Saison. Die Wanderer und Bergsteiger finden ein ebenso reichhaltiges Betätigungsfeld wie die Skifahrer. Gleich vor der Türe liegt mit dem Sudelfeld eines der größten zusammenhängenden Skigebiete Bayerns. Wer im Sommer auf der Deutschen Alpenstraße reist, kann statt der Originalroute über das Sudelfeld die überaus reizvolle Variante durch das Gebirgstal in Richtung Landl - Kufstein (Landesgrenze am Ursprungsattel) wählen.

Der Wendelstein

Rechte Seite:
Blick vom Vogelsang am Sudelfeld auf Bayrischzell und die Deutsche Alpenstraße.

Bayrischzell fällt durch viel Blumenschmuck und gepflegte Gärten auf.

Wollköpfige Kratzdistel

Der Wendelstein 1838 m

Lärchenzweige mit Reif.

Der Wendelstein

Die Hauptattraktion von Bayrischzell ist der Wendelstein, der mit seinen 1838 Metern zu den höchsten der bayerischen Vorberge zählt. 1718 soll sein Gipfel erstmals von einem einheimischen Bauern betreten worden sein, der aus Freude, dass er seine ausgerissenen Pferde dort oben fand, dem Viehpatron Wendelin eine Kapelle errichtete.
1912 wurde die Wendelstein-Zahnradbahn als erste Bergbahn der bayerischen Alpen von Otto von Steinbeis erbaut. Zu besonderen Anlässen fährt die Nostalgie-Bahn heute noch in 55 Minuten hinauf. Natürlich befahren heute in der Regel modernere Wagen, nämlich besonders leise Doppeltriebwagen, die alte Trasse bis zur Bergstation (1730 m). Die benötigen für die 7.66 km lange Strecke vom Talbahnhof Brannenburg im Inntal bis hinauf nur noch etwa die Hälfte der Zeit. 1970 wurde auch die West-Seite des Wendelsteins durch eine Seilbahn erschlossen. Die Großkabinenbahn bringt die Fahrgäste in 6,5 Minuten hinauf.

Seine Lage in einigem Abstand zur Alpenkette prädestiniert den Wendelstein zu einem Aussichtsberg ersten Ranges. Von der Bergstation überblickt man den ganzen Bogen der bayerischen Alpen vom Watzmann bis zur Zugspitze. Im Hintergrund stehen die vergletscherten Hohen Tauern mit dem Großglockner und Großvenediger, aber auch in die Zillertaler und Ötztaler Gletscherberge reicht der Blick. Wer den kurzen Weg zum Gipfel (15 Min.) nicht scheut, wird von einer 360° Rundumsicht belohnt und kann den Blick schweifen lassen über grüne Hügellandschaften, die sanft ins Flachland übergehen. Die Aussicht umfasst 150 Kilometer und mehr.

Natur und Technik, Geschichte und Kultur liegen am Wendelstein nahe beieinander. Auf dem schmalen Gipfelgrat liegt neben der kleinen Wendelinkapelle, die dort seit über zwei Jahrhunderten Wind und Wetter trotzt, eine meteorologische Station, eine Sternwarte mit einem der modernsten Teleskope Deutschlands und die weithin sichtbare Antenne des Bayerischen Rundfunks. Einer, der den Wendelstein wie kaum ein anderer geprägt hat, ist der Akademieprofessor Max Kleiber. 1882 legte er bei der jetzigen Bergstation den Grundstein für eines der ersten Unterkunftshäuser der bayerischen Alpen. Wenige Jahre später erbaute er das Wendelsteinkircherl, das damals höchste Gotteshaus Deutschlands, das 1890 geweiht wurde. Seither finden regelmäßig Messen statt, sogar Heiraten kann man dort oben.

Am Wendelstein.
Der Bahnhof der Zahnradbahn, die von Brannenburg heraufkommt, und rechts die Bergstation der Seilbahn von Osterhofen bei Bayrischzell.

Rechte Seite:
Der winterliche Wendelstein vom Wildalpjoch aus.

Schneerosen

Zu Fuß auf den Wendelstein

In Bayrischzell am Bahnhof beginnt der hervorragend ausgeschilderte Weg. Steil geht es hinter den letzten Häusern hinauf. Das erste Teilziel ist Hochkreut, von wo man schon eine schöne Aussicht genießen kann. Nach etwa 2 Std. kommt man zu den Wendelsteiner Almen. In nächster Nähe wähnt man dort den Gipfel, mit einer Stunde Gehzeit muss aber noch gerechnet werden bis zum höchsten Punkt (3-3½ Std. insgesamt).

Eine Stunde Wegstrecke spart, wer mit dem Auto auf der Sudelfeldstraße bis zur dritten Kehre hochfährt und von dem „Mitterberg" genannten Aussichtspunkt mit Kreuz, bei der verfallenen Sonnalm, aufbricht. Bei den Wendelsteiner Almen trifft der Weg mit dem erstbeschriebenen zusammen.

Ein viel begangener Anstieg führt von St. Margarethen bei Brannenburg auf den Wendelstein.

Auf dem Bild unten ist links die Trasse der Zahnradbahn zu sehen. Auch erkennt man den Weg, der von Brannenburg heraufführt.

Der Gipfel des Wendelsteins mit dem Sonnenobservatorium.

Vom Parkplatz unter einem kleinen Kirchlein folgt man nur kurz der Straße, bis nach rechts ein Wanderweg abzweigt. Entlang der Trasse der Zahnradbahn gelangt man zur Haltestelle Aipl und bald nach dem Überschreiten der Gleise zur bewirtschafteten Mitteralm. Hier verlässt man die Linie der Zahnradbahn und folgt der in Richtung der Reindleralm ziehenden Senke, bis schließlich der Gipfelanstieg steil links hochführt. Vier Stunden sind für die Tour über 1300 Höhenmeter zu veranschlagen.

Das Sudelfeld

1935 wurde die Sudelfeldstraße von Bayrischzell nach Brannenburg als Teil der Deutschen Alpenstraße gebaut. Zwölf bestens ausgebaute Kilometer bis zum Alpengasthaus „Feuriger Tatzelwurm" können mautfrei befahren werden. Für die Weiterfahrt ins bayerische Inntal hat man die Wahl zwischen der mautfreien Gemeindestraße nach

Im Taleinschnitt erkennt man Bad Feilnbach.

Rechts: Die Hochsalwand.

Rampoldplatte mit Blick auf Rosenheim.

Rechte Seite:
Das Bild zeigt die grandiose Aussicht vom Wildalpjoch, das dem Wendelsteingipfel im Osten vorgelagert ist. Das Panorama reicht von den Loferer Steinbergen über das Kaisergebirge bis zu den Hohen Tauern.

Oberaudorf oder der mautpflichtigen Privatstraße nach Brannenburg.
Da die Sudelfeldstraße einen knapp 1100 Meter hohen Scheitelpunkt überwindet, ist die Bezeichnung Passstraße nicht verfehlt. Sie führt mitten in ein weiträumiges, landschaftlich ausgesprochen reizvolles Almgebiet, das zwischen dem Wendelstein und dem Wildalpjoch im Norden und dem Großen Traithen mit dem Brünnstein im Süden ausgebreitet ist.

Im Sommer eignet sich das Gebiet bestens zum Wandern. Wer die nötige Kondition mitbringt, kann vom Oberen Sudelfeld über den Vogelspitz in drei Stunden auf den Kleinen und Großen Traithen wandern, deren letzterer mit 1852 Metern sogar den Wendelstein überragt.
Eine wundervolle Aussicht auf den Wendelstein und nach Bayrischzell hinab ist schon

Blick ins Inntal mit den Orten Brannenburg, Nußdorf und Flintsbach. In der Ebene sieht man den Chiemsee.

Blick auf den Wendelstein.

Nebel über dem Inntal.

vom 1563 Meter hohen Vogelspitz geboten. Eine weitere lohnende Wanderung führt zum 1720 Meter hohen Wildalpjoch. Nach der Almstraße zur Schweinsteiger und Lacher Alm führt ein Steig weiter zum Joch. Auch für diesen Weg sollte man drei Stunden einplanen.

Das Sudelfeld ist eine Wiege des alpinen Skilaufs. Als 1892 der Skiclub München gegründet wurde, befand man schon wenige Jahre später (ab 1896) die heutigen Skiparadiese Spitzing, Wallberg und Sudelfeld als Betätigungsfelder geeignet. Natürlich waren die Pioniere damals so gut wie immer ganz alleine auf den verschneiten Hängen unterwegs. Straßen zum Skigelände gab es damals noch nicht, schon der Anmarsch von den Talorten zu den Hängen dauerte vier Stunden. 1911 bekam Bayrischzell immerhin einen Bahnanschluss. Besondere Verdienste um das Skigebiet Sudelfeld erwarb sich der leidenschaftliche Skiläufer und Leiter der Grenzwache von Bayrischzell, Hermann Hartmann, dem es gelang, die Mitglieder des „Akademischen Schiclubs München" von der hervorragenden Eignung des Geländes für Übungsfahrten in allen Schwierigkeitsgraden zu überzeugen. Als einer der ersten Skilehrer lehrte er die „Norweger-Methode" des Skilaufs mit zwei Stöcken.

Nach Eröffnung der Sudelfeldstraße 1935 entfiel der Anmarsch. 1948 entstanden in Bayrischzell die ersten Sessellifte, 1956, mehr zu Versuchszwecken, Schlepplifte am Sudelfeld. In den Jahren danach entwickelte sich das Gebiet zu einem der größten zusammenhängenden Skigebiete nördlich der Alpen. 20 Aufstiegshilfen erschließen rund 25 Kilometer Pisten, die sich ohne größere Eingriffe aus der natürlichen Geländeform ergeben. Bei einer Stundenkapazität von 25 000 Personen kommt es auch an den Wochenenden kaum zu Wartezeiten. Am Sudelfeld gilt das alte Skifahrerlied: „Der Winter, der is mir net z'wider..."

Rechte Seite:
Herbstliche Buchen auf dem Sudelfeld mit dem Wilden Kaiser.

Die Tatzelwurm-Wasserfälle

Vom Sudelfeld in Richtung Inntal hinab führt die Straße am „Tatzelwurm" (764 m) vorbei. Was ist ein Tatzelwurm? Es handelt sich um ein germanisches Fabeltier, einen „Wurm mit Tatzen", außerhalb Bayerns würde man ihn wohl eher „Drache" nennen. Hier handelt es sich um eine Klamm mit Wasserfall im wildromantischen, mit Wäldern voller Felsblöcke und Schluchten dahinziehenden Auerbachtal, in das die Sage ein solches schnaubendes, schuppenbedecktes Untier hineindachte. Ausgangspunkt ist das Gasthaus „Zum Feurigen Tatzelwurm", das der Bauer Simon Schweinsteiger 1863 auf Anregung des Schriftstellers Ludwig Steub an diesem schönen Ort erbaute.

Wenn man dem beschilderten Weg folgt, stellt man zunächst außer dem Rauschen von Wasser nichts Ungewöhnliches fest. Das Getöse wird lauter und lauter, schwillt zum Crescendo an, ohne dass uns aber das Objekt unserer Neugierde vor Augen geführt würde. Ein schmaler Steig, der vom Hauptweg links abzweigt, bringt schließlich des Rätsels Lösung: Der Weg ist eine Sackgasse, er endet auf einem Steg, dessen gegenüberliegende Seite in die Felswand eingelassen ist. Unter diesem Steg entfesselt er seine ganze Gewalt, der ungebändigte Tatzelwurm. Gefahrlos ist man ihm ganz nah und kann ihn eingehend studieren.

Der Wurm bäumt sich auf, schlängelt sich um viele Ecken, duckt sich in schmale Rinnen, bevor er schließlich den Sprung über eine kirchturmhohe Felswand in die Freiheit wagt, genau in eine türkisgrüne Gumpe. Das Schäumen und Tosen hört man schon von weitem. Phantasiebegabte sehen vielleicht noch das Feuer, das der unbezähmbare Drache speit...

Im Winter hängen bis zu 20 Meter hohe Eiszapfen von den steilen, bis 80 Meter hohen Felswänden herab und bezaubern den Betrachter mit einem einzigartigen Farbenspiel.

Der Lauf des Wassers durch die Schlucht mit ihren glatt geschliffenen Rinnen, Kaskaden und tiefen Gumpen ist ein echtes Naturschauspiel. Ein Besuch ist zu jeder Jahreszeit und auch bei Schlechtwetter unbedingt lohnend.

Rechte Seite: Einer der Tatzelwurmwasserfälle.

Das kleine Bergdorf Wall zwischen Oberaudorf und dem Tatzelwurm und das Gasthaus zum Feurigen Tatzelwurm.

9. Das bayerische Inntal - Rosenheim

Nicht mehr viele sind es, die auf der Durchreise die Autobahn verlassen und den am Wegrand stehenden Ortschaften einen Besuch abstatten. Wer sich dazu entschließt, wird überrascht sein, welche reizvollen Regionen ihn auf beiden Seiten des Inns erwarten.

Das bayerische Inntal schließt sich westlich an den Chiemgau und östlich an das Schlierseegebiet und Mangfallgebirge an. Die Städtegrenzen bilden Rosenheim im Norden und Kiefersfelden im Süden. Durch das weite Inntal zieht mit der Autobahn A 12 einer der wichtigsten österreichischen Verkehrswege nach Innsbruck und weiter in Richtung Süden über den Brenner oder über den Arlbergpass in die Schweiz und nach Liechtenstein.

Das Inntal, welches sich im Norden gegen das Alpenvorland öffnet, war schon in der Vorgeschichte ein wichtiger strategischer Ort. Seine bevorzugte Lage als Handelsweg von Augsburg über Rosenheim in Richtung Brenner und Italien prägten das Tal seit der Römerzeit.

Zahlreiche Schlösser und Ruinen säumen heute noch diesen Eingang der Alpen und erinnern an vergangene Zeiten.

Noch vor zwei Jahrhunderten muss das Inntal vom Kufsteiner Bogen bis zur Schleife in Wasserburg eine wildromantische Landschaft gewesen sein. Dafür spricht zumindest ein Blick auf die entsprechenden Karten des königlich-bayerischen Vermessungsamtes, die vor der Innsanierung gezeichnet wurden.

Am Brünnstein bei Oberaudorf gibt es ein Rudel Steinböcke. Im Hintergrund erhebt sich der Große Traithen.

Rechte Seite:
Das Bayerische Inntal mit den Orten Flintsbach und Brannenburg.

Wer heute auf einem der Randberge steht und hinunterschaut, kann es sich wohl kaum mehr vorstellen, dass der Fluss einst in einem weitverzweigten Bett in behäbigen Mäandern dahinfloss.
Zwischen Degerndorf und Nußdorf beanspruchte er mit einem Netz von Nebenflüssen, Altwassern und Tümpeln fast das ganze Tal, nach jedem Unwetter, nach jeder Schneeschmelze sah das Bild anders aus. Das Hauptbett einschließlich vieler Sand- und Kiesbänke veränderte sich mehrmals jährlich. Das Schicksal des Inn stimmt nachdenklich. Von einem naturbelassenen Fluss, der ohne Eile fließen und sich sein Bett – nach seinen Launen – selbst gestalten darf, kann schon lange keine Rede mehr sein. Von wo aus immer man ihn betrachtet, stets ergibt sich das gleiche Bild: befestigte Dämme begrenzen den Wasserlauf an beiden Ufern und geben ihm die Richtung vor. In gewissen Abständen hemmen ihn Betonburgen, die quer durch das künstliche Bett gebaut sind – Staustufen zur Stromerzeugung. Technik und Komfort haben ihren Preis.

Innschifffahrt

Wie alt die gewerbliche Schifffahrt auf dem Inn wirklich ist, ist fraglich. Es gibt aber Hinweise darauf, dass der Fluss schon zur Römerzeit als Wasserstraße genutzt wurde. Mit Handelsgütern aus dem Süden – Weinen, Ölen, edlen Stoffen, Schmuck und anderen – ließen sich einträgliche Geschäfte machen. Seine Blüte als Schifffahrtsstraße erlebte der Inn im Mittelalter durch Getreide- und Salztransporte, bis ab Mitte des 19. Jahrhunderts die Eisenbahn die Schiffe entbehrlich machte.

Oben rechts:
Statt den Traidelzügen der Innschiffer bevölkern heute die Radfahrer den Damm.

Altwasser am Inn bei Niederaudorf.

Rechte Seite:
Der Inn mit Heuberg und Kranzhorn.

Die Rose ist die Wappenblume der Stadt am Inn.

In Rosenheim erinnert in einem prächtigen alten Stadel das Inn-Museum an die Geschichte der Inn-Schifffahrt. Es ist die Geschichte der verwegenen „Schiffsleut", die auf schwarz-weiß gemusterten, beflaggten und geschmückten Plätten von 24 bis 34 Metern Länge und bis zu sieben Metern Breite meist zügeweise auf dem Fluss unterwegs waren. Das Hinabfahren auf dem Fluss – 6 bis 10 Tage dauerte die Fahrt von Hall in Tirol bis Wien – war ein Kinderspiel gegen das Hinauffahren gegen den Strom. In einer kaum mehr vorstellbaren Plackerei wurden die Plätten von berittenen Zugrössern vom Land aus an Seilen gegen die Strömung hochgezogen. Volle fünf Wochen dauerte die Fahrt von Krems nach Rosenheim. Besonders eindrucksvoll sind ein in Originalgröße nachgebautes „Kuchlschiff" eines Schiffszuges und eine „Schopper"- (Schiffbauer-) Werkstatt. Im Freigelände des Museums unmittelbar am Fluss findet sich eine 1900 gesunkene, vor einigen Jahren gehobene und restaurierte große Plätte. Zur Kulturgeschichte der Innschifffahrt gehören auch die „Schiffmeister", Unternehmer großen Stils, die zum Teil so große Reichtümer anhäuften, dass sich sogar die Wittelsbacher Könige Geld bei ihnen liehen.

Ein bescheidenes Überbleibsel der historischen Innschifffahrt ist erhalten geblieben: Vom Heimathafen „Fischergries" befahren Ausflugsboote den Fluss grenzüberschreitend zwischen Tirol und Bayern von Kufstein über Kiefersfelden, Ebbs, Niederndorf bis nach Oberaudorf.

Abendstimmung am Inn zwischen Brannenburg und Nußdorf, südlich von Rosenheim.

Rosenheim

Die älteste Erwähnung Rosenheims geht auf das Jahr 1232 zurück. Damals gehörte der Ort samt einer Burg den Grafen von Wasserburg, deren Rosenwappen die Stadt heute noch trägt.

Von höchster Bedeutung für die Landesherren war die Burg. Sie stand nicht im Ort, sondern auf einer Anhöhe am gegenüberliegenden Ufer, dem Schlossberg, der heute zur Gemeinde Stephanskirchen gehört. Die Lage gestattete eine totale Kontrolle des Flusses wie auch der Stadt. Weder konnte irgendein Floß oder Schiff unbeobachtet am Fluss passieren noch ein Bote oder Fuhrwerk die Stadt betreten oder verlassen. Auch wenn von der Burg kein Fundament, nicht einmal ein Stein übrig geblieben ist, über ihre Lage geben erhalten gebliebene zeitgenössische Illustrationen genauen Aufschluss.

Die Geschichte Rosenheims aber ist viel älter. Als die Römer um die Zeitenwende die Militärstation Pons Aeni (Inn-Brücke) einrichteten, geschah das nicht in der Einöde, sondern bereits in einem buntgemischten Siedlungsgebiet aus alteingesessenen Kelten, zugezogenen Römern und Handel Treibenden von sonstwoher. An der Pons Aeni kreuzten sich die Reisewege zwischen Rom und München sowie Wien und Paris. Am nördlichen Stadtrand fand man bei Ausgrabungen eine Fülle von Geschirr. Hier stand offensichtlich zwischen dem 1. und 3. Jahrhundert die größte Keramikmanufaktur des Voralpenlandes, deren Fabrikate man heute im Rosenheimer Heimatmuseum sowie in der Prähistorischen Staatssammlung in München bewundern kann. Überbleibsel der Römer sind auch die Ortsnamen „Leonhardspfunzen" und „Langenpfunzen". Wer ahnt, dass sich hinter dem urbayerisch klingenden „Pfunzen" das lateinische „Pons" (Brücke) verbirgt?

Im 13. Jahrhundert lösten die Wittelsbacher die Hallgrafen von Wasserburg als Landesherren ab. Von 1328 bis 1864 war Rosenheim lediglich Markt, wenn auch ein sehr bedeutender, bevor es endlich zur Stadt erhoben wurde. Wirtschaftliche Impulse gaben 1478 das Stapelrecht, 1504 das Salzniederlagerecht, 1810 die Verlängerung der Soleleitung Reichenhall - Traunstein bis hierher, 1857-67 die Eisenbahnanschlüsse – die erste Bahn aus München traf am 24. Oktober 1857 ein – und der Bau des Bahnhofs im prächtigen neuromanischen Stil. Das Gebäude dient heute als Rathaus. Das weitläufige Ausstellungszentrum „Lokschuppen", das aus einer Lokomotivremise von 1860 hervorgegangen ist, lässt die alten Gleisverläufe noch erkennen. Eine technische Meisterleistung war der Bau der Soleleitung von Reichenhall nach Rosenheim unter Leitung des genialen Ingenieurs Georg Friedrich von Reichenbach. In dreijähriger Bauzeit wurden auf einer Länge von 81 Kilometern hölzerne Deicheln (= ausgehöhlte Baumstämme) und gusseiserne Rohre verlegt. Die Rosenheimer Saline stand von 1810 bis 1958 in Betrieb. Schon zuvor gründete der Wohlstand Rosenheims jahrhundertelang auf dem Salz.

Alle Salzfuhrwerke, die von Reichenhall aus in die westlichen Reichsgebiete unterwegs waren, mussten die Rosenheimer Innbrücke benutzen. Von jeder Salzscheibe hackten die Zöllner ein Stück, den Salzpfennig, ab.

Von seiner bedeutenden mittelalterlichen Vergangenheit als Marktsiedlung am Innufer hat Rosenheim leider nur wenig bewahrt. Das meiste Historische fiel Bränden zum Opfer, die 1542 und 1641, aber auch später noch wüteten.

Was vom Feuer verschont blieb, brachten die Bomben des Zweiten Weltkrieges zum Einsturz. Leider legte man beim Wiederaufbau keinen besonderen Wert auf die alten Formen. Schon im 19. Jahrhundert hatte man

Zeitgemäße und historische Gebäude stehen einträchtig nebeneinander.

Rechte Seite: Hl. Geist-Straße mit Stadtpfarrkirche.

Reisen
ADLMAIER

Oben links:
Max-Josefs-Platz mit Mittertor.

Oben rechts:
Das Mittertor am Ludwigsplatz ist das einzige mittelalterliche Stadttor, das noch erhalten ist.

Rechte Seite:
Der Riedergarten, eine Insel der Stille mitten in der Stadt Rosenheim.

Stadthalle Rosenheim.

geglaubt, die Stadt besonders „modern" gestalten zu müssen: Von sechs mittelalterlichen Stadttoren blieb nur eines, das Mittertor, erhalten. In ihm befindet sich heute das Heimatmuseum.
Als Schaustück bleibt lediglich der Max-Josefs-Platz mit seinen Laubengängen und den malerischen Häusern. Der Platz, der einschließlich einiger umliegender Gassen zur Fußgängerzone ernannt wurde, hat viel von seinem ursprünglichen Charme bewahrt. Hier findet sich noch die typische Bauweise der alten Inn- und Salzachstädte. Wie große Kästen stehen die Häuser mit ihren hochgezogenen, waagrecht abgeschlossenen Fronten da, ohne aber monoton zu wirken. Das Individuelle kommt durch farbigen Putz, vorgebaute Erker und dekorativ gerahmte Fenster und Portale zustande. Die Laubengänge ließen den Märkten viel Raum. Egal, ob Sonnenschein oder Regenwetter, die Händler fanden immer einen passenden Ort zum Feilbieten ihrer Ware.

Heute ist Rosenheim mit 58000 Einwohnern die drittgrößte Stadt Oberbayerns. Sie ist umtriebiger Mittelpunkt von Industrie, Handel und Ausbildungswesen für das gesamte Umland, mit Produktionszweigen von Maschinen bis Bekleidung, Nahrungsmittel bis Papier. Spezialisiert aber ist Rosenheim auf Holzwirtschaft. Es hat eine Holzbörse, verschiedenartige Ausbildungsstätten für Berufe in der Holzwirtschaft, außerdem das einzige Holztechnische Museum Deutschlands. Großer Beliebtheit erfreuen sich die alljährlich stattfindende Südostbayerische Industriemesse und natürlich das Rosenheimer Herbstfest, das zu den größten Volksfesten weit und breit zählt. Zum Aufschwung Rosenheims leistete auch die relative Nähe zu München und die günstige Verkehrsanbindung eine Rolle. Nicht weiter als vier Fahrstunden sind es bis zum Gardasee. Nicht zu vergessen ist der hohe Freizeitwert der Stadt. Das Umland mit seinen Flüssen, Bergen und Seen bietet vielerlei Gelegenheit für sportliche Aktivitäten.

Rechte Seite:
Bad Feilnbach, der ländliche Kurort.

Bad Aibling - Bad Feilnbach

In der Nähe Rosenheims liegen die zwei Kurorte Bad Aibling und Bad Feilnbach.
Auch im erstgenannten Ort verursachten Brände schwere Zerstörungen, bis es ab 1844, nach Eröffnung des ältesten Moorbades in Bayern, wieder aufwärts ging. Seitdem zieht es Kurgäste vornehmlich mit entzündlichen Gelenkserkrankungen wie Rheuma und Schmerzen aller Art dorthin. Linderung wenn nicht Heilung bringt die Kombination von Moor mit seinen mineralischen und organischen Bestandteilen und Wärme. Heiße Moorbäder bewirken ein Ansteigen der Körpertemperatur und sorgen so für ein sogenanntes „Heilfieber" mit vielerlei günstigen Auswirkungen auf Leib und Seele. Ein neues Kurhaus steht mitten in der Stadt, wie eine grüne Insel liegt ringsum der Kurpark. Für die Kur- und anderen Gäste besteht ein reichhaltiges Unterhaltungs- und Freizeitangebot. Ein großer Weiher mit einem imposanten Springbrunnen, auf dem Enten und Schwäne ihre Kreise ziehen, verleihen dem Park mit den uralten Bäumen ein besonderes Flair. Neuerdings gibt es einen Duft- und Tastgarten sowie eine Voliere mit Fasanen und Ziervögeln.

Bad Feilnbach am Fuße des Wendelsteins wartet mit einem ausgesprochen dörflichen Charakter auf. Dennoch genügen die Kureinrichtungen, die wie in Bad Aibling vornehmlich auf Mooranwendungen gründen, auch modernen Ansprüchen. Schmucke Blumengärten, alte Bauernhäuser und viele Kilometer Rad- und Wanderwege erwarten den Urlauber und Kurgast. Ein Besuch der Ortschaft lohnt sich besonders im Frühjahr, wenn die 30000 Obstbäume (vorwiegend Apfel) auf dem Gemeindegebiet in Blüte stehen.

Bad Aibling und das nahe gelegene Schloss Maxlrain.

Brannenburg

Zu einem bekannten Namen wurde der Ort durch die gleichlautende Autobahnausfahrt. Die früheste Brannenburger Urkunde datiert zwischen 993 und 1000. Es gilt als gesichert, dass der Ort im 9. Jahrhundert durch Rodung entstand. Klöster und Adelige sahen es gern, wenn in ihrem Einflussgebiet durch Rodung neue Orte entstanden. Dies bedeutete mehr Untertanen, Steuern und Einfluss. Der alte Ortskern gehörte schon immer als geschlossene Ortschaft zu Schloss und Hofmark Brannenburg. Im 12. Jahrhundert wurde bereits die Kirche erwähnt. In Brannenburg befindet sich die Talstation der Zahnradbahn zum Wendelstein. Einer gewissen Bekanntheit erfreut sich auch die zwischen 1935 und 1936 erbaute Karfreit-Kaserne.

St. Margarethen bei Brannenburg, der ideale Ausgangspunkt zum Wendelstein.

Rechte Seite: Blick vom Heuberg auf Flintsbach und Brannenburg sowie den Wendelstein.

Rechts: Brannenburg mit dem Inntal und dem Heuberg.

Nußdorf am Inn und Neubeuern

Auf der anderen, der östlichen Seite des Inns liegt am Fuße des Heubergs der Ort Nußdorf. Mit seinem malerischen Ortskern, den barocken Kirchen und ursprünglichen Bauernhäusern ist er ein oberbayerischer Ferienort, wie man ihn sich vorstellt.

Noch darf er als Geheimtipp für wirklich Ruhebedürftige bezeichnet werden. Den Ort an der bayerisch-tirolerischen Grenze, der seinen Namen den vielen Nussbäumen verdankt, bewohnten schon die Kelten. Zur Römerzeit verlief hier die bedeutende Handelsstraße von Innsbruck nach Regensburg. Viele der Innschiffer, die ab dem Mittelalter Waren bis zum Schwarzen Meer transportierten, waren Nußdorfer. Die grenznahe Lage an einem wichtigen Land- und Wasser-

Neubeuern

Trollblumen

Rechte Seite: Nebel über dem Inntal. Die flache Kuppe mit dem Kreuz ist der Heuberg. Links dahinter das Kreuzhorn.

weg brachte schwere Kriegs- und Notzeiten mit sich. Unter anderem beim Kroateneinfall 1743 und während der Napoleonischen Kriege wurde gebrandschatzt, geplündert und gemordet. Mitten im Dorf liegt die im hochgotischen Stil um 1300 erbaute, 1740 barockisierte Pfarrkirche St. Vitus. Das Gemälde im Hochaltar zeigt den Hl. Vitus bei seinem Martyrium, wie er in siedendes Pech geworfen wird.

Wenige Kilometer nördlich liegt Neubeuern, überragt vom weithin sichtbaren Schloss. Das Musterbeispiel eines altbayerischen Marktes wurde 1981 zum schönsten Dorf Deutschlands gewählt. Verantwortlich für das Erscheinungsbild ist Gabriel von Seidl, der den von Bränden heimgesuchten Ort Ende des 19. Jahrhunderts in der heutigen Form wiedererstehen ließ. Zwischen den zwei Stadttoren finden sich Flachgiebelfassaden mit Erkern, Altanen, Lüftlmalerei, Türbekrönungen und Hausmadonnen. Von den Balkonen und Erkern leuchten rote Geranien. Die Bemalungen der Fassaden erzählen gern vom Leben der Menschen in Verbindung mit dem Fluss. In früheren Jahrhunderten, vor der „Innsanierung", als das Wasser noch bis an den Burgberg herankam, verdienten die meisten der hier Ansässigen ihren Lebensunterhalt durch die Innschifffahrt.

Auf eine bewegte Geschichte blickt das Schloss Neubeuern zurück. Wenn man vor dem Gebäudekomplex steht, fällt ein großer Burgfried auf, der die ganze Anlage beherrscht. Er stammt aus dem 12. Jahrhundert und ist das einzige Überbleibsel einer alten Burganlage, die im Laufe des Mittelalters von verschiedenen Rittergeschlechtern umgebaut und erweitert wurde, bis sie schließlich Ende des 17. Jahrhunderts in den Besitz der berühmten bayerischen Adelsfamilie der Preysing von Hohenaschau kam. Nachdem das Schloss nach deren Aussterben noch mehrmals die Eigentümer gewechselt hatte, erlebte es unter seinem letzten Besitzer, Baron Jan von Wendelstadt, eine Glanzzeit bürgerlicher Geselligkeit. Dichter und Kunstmäzene gehörten ebenso zu den regelmäßigen Besuchern wie Philosophen und Politiker. Den Dichter Hugo von Hofmannsthal zog die von 1909 bis zu seinem Tod 1929 währende Beziehung zu der jung verwitweten Schwägerin der Schlossbesitzerin Ottonie Gräfin Degenfeld oft hierher. Heute beherbergt das Schloss eine Internatsschule für Jungen und Mädchen.

Zwei schöne Bauernhäuser in Törwang am Samerberg.

Flintsbach

Das um 1000 erstmals erwähnte Flintsbach war später der Hauptort der Grafen von Falkenstein, die eines der bedeutendsten Geschlechter Südostbayerns mit mehreren Herrschaftsgebieten waren. Von ihrer Burg Falkenstein sind nur noch wenige Zinnen und einige Gebäudereste erhalten. Wie viele der damals Herrschenden suchten auch sie eine friedliche Koexistenz mit den kirchlichen Machthabern zu sichern, indem sie eine Klosterzelle samt Kirchlein („Petersberg“) gründeten, und zwar auf dem Gipfel des Kleinen Madron (847 m). Die Wallfahrtskirche St. Peter ist eine der wenigen romanischen Kirchen in dem Raum. Die Kirche wirkt äußerlich schlicht, birgt innen aber einige beachtliche Kunstwerke, so den interessanten Frühbarockaltar von 1676, zwei Kruzifixe, Ende 13. Jahrhundert, sowie den thronenden hl. Petrus, 14. Jahrhundert. Eine Stunde dauert der Aufstieg zum Petersberg, von dem man eine schöne Aussicht auf das Inntal hat. In einer weiteren Stunde kommt man zu den Astenhöfen in 1106 Metern Höhe, den höchstgelegenen Bauernhöfen Bayerns.

Ein anmutiger Ort, ob im Sommer oder Winter, ist Flintsbach am Inn. Von der stolzen Festung Falkenstein existiert nur noch ein Turm.

Nächste Doppelseite: Frühling über dem Inntal bei Oberaudorf mit Blick auf das Kaisergebirge.

Einige Ansichten von Oberaudorf.

Oberaudorf

Auch hier reichen Besiedlungsspuren bis in die Bronzezeit zurück. Funde römischer Münzen, bajuwarischer Reihengräber und Reste einer alten Straßenanlage leiten weiter ins Frühmittelalter, bis 780 in einer Schenkungsurkunde die schriftlich überlieferte Geschichte Oberaudorfs („Urdorf") beginnt. Nach den Agilolfingern wurden die Hochstifte Salzburg und Freising infolge mehrfacher Schenkungen die bedeutendsten Grundherrn. Die mächtigen Ritter von Falkenstein konnten ihren Einfluss hier nicht zur Geltung bringen und wurden schließlich ab 1244 von den bayerischen Herzögen aus ihren nahen Besitzungen verdrängt.

Ihre Burg Falkenstein wurde 1296 zerstört, als Herrschaftsmittelpunkt wurde eine andere Burg, die Auerburg, gebaut. Als diese als Bedingung des Friedensschlusses zu Füssen 1745 zwischen Bayern und Österreich zerstört wurde, war die erste große Zeit der damals noch getrennten Orte Ober- und Niederaudorf vorbei. Schicksalhafte Zeiten brachten noch die Napoleonischen Kriege, zwei Stadtbrände 1823 und 1857 sowie die Bombardierungen in den letzten Kriegstagen 1945. Ab 1971 wurden die beiden Gemeinden nach einem Volksbeschluss zusammengelegt. Heute ist der anerkannte Luftkurort Oberaudorf der bedeutendste Wintersportplatz im bayerischen Inntal (Hocheck, Sudelfeld). Neben vielfältigen Möglichkeiten der Sport- und Freizeitgestaltung kann man seit 1999 mit dem Schiff auf dem Inn nach Kufstein fahren. Ein Berg von besonderer Romantik ist der Brünnstein (1620 m). Die dort ausgesetzten Steinböcke sind nicht einmal scheu und lassen sich aus der Nähe beobachten und fotografieren. Der felsige Gipfelaufbau über dem gemütlichen Unterkunftshaus überrascht mit einem leichten Klettersteig, der für den trittsicheren Bergwanderer ein Vergnügen ist. Der Blick ins Inntal und zum nahen Kaisergebirge hinüber warten als Lohn des Aufstiegs.

Blick vom Trainsjoch über das Inntal auf das Kaisergebirge.

Die Himmelsmoos-Alm mit dem Traithen.

Links:
Am Brünnstein hat man einen herrlichen Blick über das Inntal auf den Wilden Kaiser.

Rechte Seite:
Steinböcke auf dem Brünnstein.

Kiefersfelden

Gebirgseinwärts gesehen am rechten Innufer liegt dem Kaisergebirge gegenüber Kiefersfelden. Genau am Anfang eines gewaltigen Seebeckens gelegen, das der Inngletscher nach der letzten Eiszeit hinterließ, und das in der Größe dem Bodensee vergleichbar bis Wasserburg reichte. Um Kiefersfelden sind die ehemaligen, aus tonigen Ablagerungen bestehenden Seeterrassen noch deutlich erkennbar. Der heutige Ortskern liegt am einstigen westlichen Hochufer. Von dem großen See sind viele kleine Waldseen (z. B. der Hechtsee) übrig geblieben, die typisch für die Kiefersfeldener Umgebung sind.

Spuren von Menschenleben reichen bis in die Jungsteinzeit zurück. Funde sprechen dafür, dass sich eine sehr kleinwüchsige Menschenrasse das raue Land mit Braunbären, Wildschweinen, Hirschen und Wisenten teilten. Jahrhunderte später besiedelten die Illyrer und Kelten die Region, wobei die Zahl der Menschen bis zur Römerzeit sehr spärlich war. Dichter wurde die Besiedelung, als die Römer gegen Anfang des 2. Jahrhunderts n. Chr. älteren Wegstrecken folgend die Inntalstraße ausbauten. Ab 530 tauchten die Bajuwaren auf, die erste Erwähnung des Ortes („Chiverinesvelt") findet sich um 1135. Jahrhundertelang war das Leben der Menschen geprägt durch dauernd wechselnde Landesherren. Herzöge und Grafen, Klöster und Erzbischöfe teilten sich nach Lust und Laune ganze Landstriche mitsamt den Bewohnern zu.

Die Lebensgrundlagen bildeten der Fluss, Landwirtschaft und Viehzucht, Holzwirtschaft, später ein Marmorschleifwerk und Hammer(schmiede)werke. Seit 1814 ist Kiefersfelden Grenzort zwischen Bayern und Tirol. Als ab der Mitte des 19. Jahrhunderts die Innschifffahrt zum Erliegen kam, verarmten weite Teile der Bevölkerung. Zu einem wirtschaftlichen Aufschwung kam es danach erst wieder durch die Zunahme des Fremdenverkehrs. Die Pfarrkirche Hl. Kreuz von 1315 war ursprünglich gotisch und wurde im 17. Jahrhundert barockisiert. Der Bergfriedhof gilt als einer der schönsten in Bayern.

In Kiefersfelden entstand 1618 das älteste Volkstheater Deutschlands. Auch wenn das Theater nun an einem anderen Platz steht, der alte Bühnenboden und die historischen Kulissen sind heute noch sehenswert. Bekannt und beliebt sind die im Sommer stattfindenden Ritterspiele.

Kufstein am Inn.

Rechte Seite:
Die trutzige Festung Kufstein.

Kufstein

Kiefersfelden und Kufstein, die „Perle Tirols“, werden heute tatsächlich nur vom Inn getrennt.

Der Reiz der Stadt mit ihren gut 15 000 Einwohnern liegt in den vielen belebenden Gegensätzen von Natur und Kultur. Einen Schonraum für erstere bietet das nahe Naturschutzgebiet Kaisergebirge, bestehend aus dem „Zahmen“ und dem „Wilden Kaiser“.

Kultur dagegen ist in den Straßen geboten, von Platzkonzerten über Open-Air-Konzerte bis zu Theateraufführungen. Um 12.00 Uhr wird täglich die Heldenorgel gespielt, die größte Freiorgel der Welt.

Die erstmals 1205 erwähnte Festung, das Wahrzeichen der Stadt, war wiederholt Schauplatz von Belagerungen und Kämpfen. 1703 und 1805 wurde sie von den Bayern erobert, ab 1814 gehörte sie wieder zu Österreich. Direkt im Stadtzentrum, bei der Pfarrkirche St. Vitus, befindet sich der Eingang zu dieser historisch bedeutsamen Festungsanlage. Im Festungsneuhof, wo sich auch der Spieltisch der Heldenorgel befindet, kann man mit der Panoramabahn „Kaiser Maximilian“ zu einer Besichtigungsfahrt mit anschließender Führung starten. Die mächtigen Mauern, die Tore und der tunnelartige Aufstieg, alles ist noch wie zur Zeit der alten Ritter, die sich hier absolut sicher fühlen durften. Der Rundblick von der Burg, dem keine feindlichen Aktivitäten verborgen blieben, ist auch heute ein Erlebnis. Neben der Burganlage sind Ausstellungen und Dokumentationen von Interesse.

Eine Attraktion für Wanderer und Bergsteiger ist das Kaisergebirge. Eine klassische Wanderung führt durch das Kaisertal über Hinterbärenbad zum Stripsenjochhaus (1600 m), wo man den berühmten Kletterwänden des Wilden Kaisers an Fleischbank, Predigtstuhl, Totenkirchl und anderen Gipfeln ganz nahe ist.

Das Kaisergebirge ist ein Eldorado für Bergwanderer und Kletterer.

Rechte Seite: Der zauberhafte Hechtsee mit dem Wilden Kaiser.

Enzian und Leimkraut.

Blick vom Brünnstein auf das Kaisergebirge. Das Inntal mit Oberaudorf und Kiefersfelden liegt unter dem Nebel.

Rechts:
Der Innbogen mit Ebbs, Kiefersfelden und Kufstein.

Rechte Seite:
Vom Pendling hat man eine fantastische Aussicht auf Kufstein, den Zahmen und den Wilden Kaiser.

Blutjohannisbeere im Schnee

Leberblümchen

Märzenbecher

Traubenhyazinthen

Stiefmütterchen

Margeritenwiese

Almenrausch

Wegwarte

Eisblumen

Simssee mit Wendelstein und Breitenstein.

Frühlingsknotenblumen

Jede Jahreszeit hat ihren Reiz.
Das Angebot der Natur ist unerschöpflich.
Jeder Tag ist ein Geschenk Gottes, für das wir tiefempfundene Wertschätzung bekunden.

Blumenpracht in Baierbach am Simssee.

Chiemgau – Chiemgauer Alpen

Der Chiemsee mit der Fraueninsel

10. Chiemgau - Chiemgauer Alpen

Rechte Seite: Am Chiemsee bei Breitbrunn.

Maibaum in Übersee am Chiemsee.

Die weite Landschaft um den Chiemsee, die im Westen vom Inn, im Osten von der Traun, im Süden vom Gebirge und im Norden von einer nicht näher bestimmbaren Linie auf der Höhe von etwa Wasserburg – Trostberg begrenzt wird, ist seit dem 8. Jahrhundert als Chiemgau fassbar. Zuvor schon siedelten die Kelten in dem Gebiet und bauten die Römer eine Straße. Die Benennung geht zurück auf den 744 urkundlich erwähnten Siedler „Chiemmi", dessen Behausungen, heute Chieming, zunächst dem dortigen Seeteil, dann dem ganzen See und schließlich dem ganzen Gau den Namen gaben. Der Chiemgau ist den Landkreisen Rosenheim und Traunstein zugehörig, Mittelpunkt ist der Chiemsee, das „Bayerische Meer".

Mit einer Fläche von 80 km² und einer Tiefe bis 73 Meter ist der 518 Meter hoch gelegene See der größte in Bayern. Er wäre noch größer, hätte man nicht im 19. Jahrhundert den Seespiegel durch Eintiefung der abfließenden Alz bei Seebruck abgesenkt. Auf alten Karten liegen z.B. Grabenstätt und Winkl noch unmittelbar am Seeufer.

Seine Entstehung verdankt der See dem gegen Ende der letzten Eiszeit vor ca. 15000 Jahren abschmelzenden großen Chiemseegletscher. Außer dem Chiemseebecken formten die Eiszeitgletscher noch weitere Vertiefungen, in denen später stimmungsvolle Seen entstanden, so der Waginger See, der Simssee, die Seenplatten von Eggstätt-Hemhof und Seeon sowie manche Gebirgsseen. Bis zu 500 Meter hoch lag das Eis, das riesige Mengen Gesteinsmaterial mit sich führte. Wo das Eis abschmolz, blieben Berge von Schotter liegen. Es entstanden ganze Hügelketten aus Moränen, die – gut sichtbar z. B. um Bernau und Frasdorf – heute noch das Landschaftsbild prägen. Am Chiemsee verdienen sich heute 18 hauptberufliche Fischer ihren Lebensunterhalt.

Industrie gibt es wenig, dafür eine schöne Landschaft, die häufig landwirtschaftlich genutzt wird. Einmal mehr waren es auch hier die Landschaftsmaler, die ab dem 19. Jahrhundert mit ihren Bildern die Gegend weithin bekannt machten. Seitdem ist der Chiemgau ein traditionelles Urlaubsgebiet. Charakteristisch für die Landschaft sind die vielen Gewässer, Flüsse und Seen, Hochmoore mit einer bemerkenswerten Fauna und der Blick auf die nahen Berge, von denen allerdings keiner die Zweitausendmetergrenze überschreitet. Am markantesten erhebt sich die Kampenwand (1668 m) über dem Tal. Traditionen und Brauchtum werden weithin hochgehalten. In den Dörfern finden Rastsuchende rustikale Wirtshäuser und Biergärten. Eine Besonderheit des Chiemgaus ist, dass zwei kulturelle Höhepunkte mitten im Wasser liegen. Auf der Insel Herrenchiemsee ließ König Ludwig II. sein traumhaftes Schloss erbauen und auf der benachbarten Insel Frauenchiemsee steht das Wahrzeichen des Chiemsees, das Kloster Frauenwörth.

Herrenchiemsee

Als Ludwig II. 1873 das unvergleichlich schön gelegene „Herrenwörth", das heutige Herrenchiemsee erwarb, hatte die Insel eine bereits mehr als zwei Jahrtausende währende Geschichte hinter sich. Ab dem 13. Jahrhundert bis zur Säkularisation war die Insel Mittelpunkt eines Bistums, von dem heute

noch das „Alte Schloss“ und der „Inseldom“ zeugen. Die schwärmerische Schwermut und der Drang nach Menschenferne hatten Ludwig zum Kauf der Insel im Chiemsee bewogen. Hier sollte endlich sein „neues Versailles“ entstehen. In zwei Reisen nach Paris hatte der König von Schloss Versailles alle Einzelheiten studiert. In dem Bau des „Sonnenkönigs“ Ludwig XIV. sah er die unübertreffliche Verwirklichung fürstlichen Glanzes, die er in einem eigenen Bauwerk nachzuahmen gedachte. Als er die Insel, Holzspekulanten zuvorkommend, kaufen konnte, bot sich endlich die Gelegenheit zur Erfüllung seiner langgehegten Pläne.

Mit der Planung des „Neuen Schlosses Herrenchiemsee“ wurde Georg Dollmann beauftragt. Nach vielen Abänderungen und Erweiterungen konnte am 21. Mai 1878 der Grundstein gelegt werden. Trotz der großen Schwierigkeiten, die das Legen der Fundamente und der Transport der Baumaterialien über den See bereiteten, konnten die vom König dauernd zur Eile angetriebenen Bauleute bereits 1881 den Rohbau der gewaltigen Anlage fertigstellen.

Innenhof des ehemaligen Klosters auf der Herreninsel.

Die Innenausstattung ist geprägt durch einen verschwenderischen Prunk, mit dem Ludwig sein französisches Vorbild noch zu übertreffen suchte. Aus ganz Europa ließ er die kostbarsten Baustoffe zusammentragen. Über vier Jahre zog sich die Ausstattung des Treppenhauses, der Paradezimmer und der Wohnzimmer des Königs mit eingelegten Fußböden, geschnitzten Vertäfelungen, Stuckmarmorverkleidungen, mit Wand- und Deckengemälden, mit Skulpturen und kostbaren Möbeln hin. Allein die königliche Bettdecke für das Paradeschlafzimmer beschäftigte 20 Näherinnen sieben Jahre lang.

Hauptraum des Schlosses wurde die Große Spiegelgalerie, die sich in einer Ausdehnung von 98 Metern über die ganze Gartenfront des Gebäudes erstreckt. Beherrschendes Moment des Saales mit seinen raumhohen Fenstern auf der einen Seite und den Wandspiegeln auf der anderen sind die 44 Standleuchter und 33 großen Glaslüster. Wie mag es ausgesehen haben, wenn der Raum nachts im Licht von 2000 Kerzen erstrahlte!

Die Vorstellungen des Königs, wie er zu seiner Insel gelangen wollte, nämlich in einer Schwanengondel an einem Drahtseil in 50 Meter Höhe über dem See – natürlich bei bengalischer Beleuchtung – waren trotz größter Bemühungen der Konstrukteure schließlich doch nicht realisierbar. Insgesamt war Herrenchiemsee das ehrgeizigste und kostspieligste seiner Unternehmen. Nach 7-jähriger Bauzeit (1878-85), in der er den säumigen Architekten Dollmann gegen Julius Hofmann ausgetauscht und 16 Millionen Goldmark verbraucht hatte, meldete die Kabinettskasse Bankrott. Der Tod Ludwigs II. 1886 bedeutete schließlich das endgültige Aus für das Unternehmen. Ganze neun Tage hatte der König bis dahin in dem Schloss verbracht...

Rechte Seite: Das Königsschloss auf der Herreninsel im Chiemsee.

Der herrliche Schlosspark auf Herrenchiemsee ist mit zahlreichen Springbrunnen und Skulpturen geschmückt.

Segelboote vor der Fraueninsel.

Links: Der achteckige Turm aus dem 11. Jahrhundert.

Die karolingische Torhalle.

Frauenchiemsee

Zwischen Herren- und Frauenchiemsee liegt die unbewohnte „Krautinsel", auf der lediglich ein Gemüsegarten für das Nonnenkloster auf „Frauenwörth", wie die zweite Insel noch genannt wird, angelegt ist. Im Vergleich zur 3,28 km² großen „Herreninsel" ist die „Fraueninsel" mit 0,15 km² winzig klein. In der zweiten Hälfte des 8. Jahrhunderts gründete Herzog Tassilo III. (746-788), der letzte Agilolfinger, hier ein Nonnenkloster. Das uralte Kloster, seit den Karolingern ein Reichsstift, hatte bis zur Säkularisation 1803 Bestand, wurde dann aufgehoben, schließlich durch König Ludwig I. von Bayern 1837 jedoch wieder gegründet. Die Benediktinerinnenabtei Frauenchiemsee zählt zu den ältesten Klöstern Bayerns. Ein besonderes Schmuckstück ist das Münster von Frauenwörth, die um die Jahrtausendwende errichtete Kirche des Klosters.

Auf das 11. Jahrhundert geht der Bau des freistehenden Turmes zurück, der in späteren Jahren erhöht wurde und 1572 jene charakteristische Zwiebelhaube erhielt, die zum Wahrzeichen der Insel wurde. Aus der Barockzeit stammen die Altäre der Kirche, darunter der 1694 entstandene Hochaltar. In Fachkreisen berühmt geworden ist die Klosterkirche durch die erst 1954 entdeckten, von 1961 bis 1965 freigelegten und konservierten romanischen Wandgemälde, die zu den erlesensten Werken byzantinisch beeinflusster hochromanischer Freskenkunst aus dem Salzburger Umkreis um 1130 gehören.

Etwa 300 Menschen bewohnen das kleine Eiland, das in einer halben Stunde leicht zu Fuß umrundet werden kann. Neben der Klosteranlage gibt es ein kleines Dorf, das im Sommer mit überschwänglich blumengeschmückten Häusern zwischen alten Lindenbäumen aufwartet. Gewundene Fußpfade verbinden die Häuser, in oder vor denen nicht selten Töpferwaren feilgeboten werden. Eine Attraktion ist der Inselwirt mit

Der Raddampfer „Ludwig Fessler“, Baujahr 1926.

Die Klostergebäude der Fraueninsel.

Biergarten. Eine bemerkenswerte Flexibilität legten die Klosterschwestern an den Tag, als 1995 ihr traditionsreicher Schul-, Internats- und Kindergartenbetrieb wegen Unrentabilität geschlossen wurde. Sie rüsteten kurzerhand die Internatszimmer in Gästezimmer und die Klassenzimmer in Seminarräume um und organisieren heute u. a. Managerseminare, Kongresse oder Partei-Tagungen.

Rund um den See

Die beiden Inseln, eigentlich sind es mit der Krautinsel drei, liegen im Inselsee, wie der Westteil des Sees genannt wird, im Unterschied zum „Weitsee" des großflächigeren Ostteils. Eine Anzahl reizvoller Ortschaften liegt um den See: Angefangen mit der „Besiedlungsurzelle" Chieming am Ostufer folgen im Uhrzeigersinn Grabenstätt, Übersee, Bernau, Prien, Rimsting, Gstadt, Breitbrunn, Lambach und Seebruck. Um den gesamten See führt ein etwa 60 Kilometer langer Rundweg für Radler und Fußgänger. Während das südliche Ufer aus flachem Schwemmland besteht, das vom Geschiebe der Tiroler Ache stammt, kann der nordwestliche Uferabschnitt zwischen Gstadt und Lambach eher als Steilufer bezeichnet werden. Die Ablagerungen des ehemaligen Chiemseegletschers bildeten im Bereich zwischen Rimsting und Breitbrunn Hügel aus, die nach der Seeentstehung zu Halbinseln wurden.

Die Vielfalt der Geländeformen macht den Uferbereich zwischen der Prienmündung und Seebruck zum abwechslungsreichsten des gesamten Sees, wovon man sich am besten unter Zuhilfenahme eines Fahrrades überzeugen kann. Der Ausbau des Chiemsee-Radweges machte die Umrundung des

Links: Die Fraueninsel.

Rechts: Kailbach mit der Kampenwand.

Bei Gstadt, im Hintergrund der Hochfelln und der Hochgern.

Sees zu einer weithin beliebten Strecke, an Wochenendtagen im Sommer ist der Betrieb schon fast zu groß. Auch für Wanderungen zu Fuß ist der obengenannte Uferbereich, der natürlich in beliebige Teilstücke zerlegt werden kann, am lohnendsten. Ohne nennenswerte Steigungen verläuft der Weg entweder unmittelbar am Wasser entlang oder

Frühling an der Schafwascherbucht mit der Kampenwand.

hinter dem Schilfgürtel, der vielen Vögeln und Wassertieren Schutz bietet. Wer Glück hat, kann neben Schwänen und Enten auch seltenere Wasservögel beobachten. Ruhige Badebuchten liegen am Weg, gelegentlich Streusiedlungen und bunte Yachthäfen, immer wieder eröffnen sich Ausblicke auf die Chiemseeinseln.

Die bunten Boote einer Segelschule.

Badestrand bei Gstadt mit Blick auf die Fraueninsel und Hochfelln sowie Hochgern.

Bach bei Seebruck.

Schlangenknöterich

Lichtnelken

Seebruck

Die Brücke über die Alz gab dem Ort am nördlichsten Punkt des Sees seinen Namen. Die Römer, die hier ein Kastell errichteten, nannten den See „Lacus Bedaius". Eine von mehreren bedeutenden Römerstraßen, die den Chiemgau durchzogen, verband Salzburg mit Augsburg. Bei Seebruck war man gezwungen, eine Brücke über die Alz zu schlagen. Wer am Nordufer mit dem Auto unterwegs ist, benutzt auf langen Strecken genau die Trasse, die von den Römern am Beginn unserer Zeitrechnung festgelegt wurde. In Seebruck fand man neben Fundamenten römischer Villen viel Inventar, Schmuck und Geschirr aus jener Zeit.

Ausgrabungsgegenstände aller Art können im interessanten Römermuseum nahe der Kirche betrachtet werden. Verfolgt man die Seestraße in Richtung Westen, kommt man am Ortsrand an einem hölzernen Gebäude vorbei, in dem sich das gut erhaltene Fundament einer Römervilla befindet. Bemerkenswerterweise verfügte die Villa bereits über eine Fußbodenheizung.

Schwertlilien

Rechte Seite: Herbststimmung in Seebruck.

Die beiden Zwiebeltürme vom Kloster Seeon.

Der Klostersee mit dem Kloster Seeon.

Der prächtige Blumenschmuck an den Häusern ist der Stolz der Hausfrauen.

Unten und rechts: Der Jachthafen in Seebruck.

Oben und rechts oben:
Prien am Chiemsee und das Panorama von Rimsting über den Chiemsee. Charakteristisch ist das gegliederte Nordufer mit den Inseln. Am Horizont erheben sich der Teisenberg, Hochstaufen und Zwiesel, sowie Rauschberg, Hochfelln und Hochgern.

Rechts und rechts unten:
Boote in der Schafwascherbucht und Umrathshausen mit der Kampenwand.

Nächste Doppelseite:
Sonnenuntergang am Chiemsee bei Seebruck.

Rechte Seite: Das Seeufer bei Chieming und der Ort, der schon von den Römern bewohnt war.

Chieming

Chieming am Ostufer des Chiemsees ist die Urzelle der Besiedlung seiner Ufer. In der weit geschwungenen Bucht finden sich die längsten zusammenhängenden Kies- und Sandstrände des Chiemsees. Bodenfunde beweisen, dass die Römerstraße Salzburg - Augsburg auch hier durchführte. Die Anhöhe, auf der die Pfarrkirche steht, hat den römischen Besatzern vordem schon als Bauplatz einer Zitadelle gedient. Als 1812 die alte St. Peterskirche abgetragen wurde, fand man Reste von römischen Grundmauern, die zum Teil sogar mit Inschriften versehen waren. Da sie aber der Pfarrer und auch nicht der Förster entziffern konnten, schenkte man ihnen keine weitere Beachtung. Im Glockenhaus der Pfarrkirche werden drei, dem Seegott Bedaius geweihte römische Altarsteine aufbewahrt.

Wenn man vom eigentlichen Ort, wo die Pfarrkirche mit dem spitzen Turm steht, zum Seeufer hinuntergeht, kommt man gleich nach dem Unterwirt zum Wasser.
Von hier bietet sich eine großartige Sicht über den Weitsee, wie man den östlichen Teil des Chiemsees nennt. Von kaum einer Stelle des Ostufers hat man auch einen schöneren Blick auf die Chiemgauer Berge einschließlich einiger Gipfel Tirols.

Schloss Chiemimg

Der Uferweg in nördlicher Richtung führt am Schloss Chieming vorbei. Das einstige Schloss Neuenchieming war bis zum 17. Jahrhundert Sitz der Hofmarksherren.
Ein Schlossbesitzer, der gebürtige Augsburger und Jurist Dr. Niklas Riebeisen, kam zu riesigem Vermögen, als er in den Zeiten der Reformationsbewegung gegen die Protestanten vorging und wegen dieser Verdienste später vom Salzburger Erzbischof zur Beendigung des Bauernaufstandes 1525/26 engagiert wurde. Nachdem die Anführer der Bauern erbarmungslos zu Tode gebracht worden waren, erhielt Riebeisen zum Dank hochlukrative Beteiligungen am Salzhandel. Das Schloss diente bis 1965 als Pfarrhof, heute ist es in Privatbesitz.

Die Chiemgauer Alpen

Die Chiemgauer Alpen umfassen die Voralpenberge zwischen der Saalach im Osten und dem Inn im Westen. Höchster Gipfel ist das 1961 Meter hohe Sonntagshorn. Ihre Ausdehnung ist beachtlich: 50 Kilometer in der Länge (Ost-West-Richtung) und 23 Kilometer in der Breite (Nord-Süd-Richtung). Nach Norden verlaufen die Chiemgauer Berge ins Flachland, aus dem sie oft ganz unmittelbar aufsteigen. Die Autobahn von München nach Salzburg kann mit ihrer Strecke von Reichenhall bis Rosenheim als nördliche Begrenzung angesehen werden.

Da der See einst bis zum Fuß der Berge reichte, breitet sich zwischen seinem Südufer und dem Gebirge eine großflächige Moorlandschaft aus. Die bekanntesten Gipfel, die auch die typische Chiemseesilhouette ausmachen, sind Hochfelln, Hochgern, Hochplatte und Kampenwand. Auf den Hochfelln (1674 m) und die Kampenwand (1668 m) führt jeweils eine Seilbahn. Die Talstation der Hochfellnbahn liegt in Bergen und führt über zwei Sektionen bis wenige Meter unter den Gipfel. Anders bei der Kampenwand: Ausgehend von der Talstation in Hohenaschau im Priental muss, wer auf dem

Rechte Seite:
Abend auf der Kampenwand. Von hier oben hat man eine brillante Aussicht auf den gesamten Chiemsee.

Gipfel stehen will, die letzten 200 Meter von der Bergstation (1460 m) auf einem romantischen Steig zu Fuß bewältigen. Beide Gipfel bieten eine phantastische Aussicht ins Voralpenland auf der einen und ins Hochgebirge auf der anderen Seite.

Im Tal der Tiroler Ache, die bei Grabenstätt in den Chiemsee mündet, liegen einige der bekanntesten Fremdenverkehrsorte Bayerns. Wer kennt nicht Marquartstein, Unterwössen oder Schleching? Die letzten beiden Orte sind ideale Ausgangspunkte für eine Besteigung des Hochgern (1744 m). Die schön geformte Berggestalt entpuppt sich bei näherer Betrachtung bzw. bei einer Besteigung als mehrgipfeliger Bergstock. Zu Recht gilt er als einer der besten Aussichtsberge im Chiemgau. Bei günstigem Wetter kann man im Norden die Umrisse des Bayerischen Waldes erkennen. Im Süden liegt der Bogen der bayerischen und Tiroler Alpen ausgebreitet, von den Berchtesgadener Bergen über die Loferer Steinberge bis zum Wilden Kaiser und vielen anderen.

Das Schloss Hohenaschau.

Vom Hochgern überblickt man Unterwössen und das Tal der Tiroler Ache. Am Horizont der Wilde Kaiser und die Kette der Zentralalpen.

Rechte Seite: Marquartstein mit der Hochplatte.

Winter am Geigelstein mit dem zinnengekrönten Kaisergebirge.

Steinplatte gegen Kaisergebirge.

Auf der Winklmoos-Alm.

Reit im Winkl

Über Oberwössen und den Maserpass (780 m) kommt man nach Reit im Winkl (695 m). Der südlichste Ort des Chiemgaues liegt in einem breiten, sonnigen Tal an der Grenze zu Tirol. Die ausgesprochen schneesichere Gegend ist im Winter Austragungsstätte internationaler nordischer Skiwettkämpfe. Als Hauptursache des Schneereichtums gilt die ausschließlich in Richtung Westen gerichtete Öffnung des Tales, die Schneewolken regelrecht einfängt und festhält. In und um Reit im Winkl warten 400 Kilometer gepflegte Langlaufloipen. Für Nichtschifahrer werden kilometerlange Winterwanderwege geräumt.
Auch im Sommer hat der als heilklimatischer Kurort anerkannte Ort mit seinem typisch oberbayerischem Dorfcharakter eine Menge zu bieten: Tennis, Reiten, ein beheiztes Freibad, eine 18-Loch Golfanlage und zahlreiche Wanderwege.

Zur Zeit des Wiener Kongresses 1815, als sich die Staatsmänner Europas nach der Abdankung Napoleons versammelt hatten, war der Ort so unbekannt und unbedeutend, dass man ihn beinahe vergessen hätte, als Europa neu eingeteilt wurde. Man erzählt sich, dass Kurfürst Maximilian I. von Bayern, Kaiser Franz von Österreich und der Bischof von Salzburg in einem Kartenspiel entschieden, wem das abgelegene Reit im äußersten Winkel zwischen den drei Ländern gehören soll. Maximilian hatte das Glück, mit dem Schellenunter das Spiel für sich zu entscheiden. Diese Anekdote ist am Gasthaus Unterwirt, gleich neben der Pfarrkirche, als Gemälde festgehalten.

Die Hörndlwand

Rechte Seite: Reit im Winkl liegt in einem sanften Tal vor dem Kaisergebirge.

Fährt man auf der Deutschen Alpenstraße in Richtung Ruhpolding, kommt man am Parkplatz Seegatterl vorbei. Im Sommer kann man von hier auf einer Mautstraße zur berühmten Winklmoosalm (1183 m) hochfahren, wo es sich bestens wandern lässt, z. B. zum höchsten der umliegenden Berge, dem Dürrnbachhorn (1776 m). Im Winter ist die Straße gesperrt, Pendelbusse bringen die Skifahrer hinauf zu den Liften auf der „Winklmoos", der Heimat von Rosi Mittermaier, die – unvergessen – 1976 bei den Olympischen Spielen zweimal Gold und einmal Silber für Deutschland gewann. Mit 13 Liftanlagen (stündliche Förderleistung 19 500 Personen!) und 50 Kilometern präparierten Pisten lässt das Skigebiet Winklmoosalm-Steinplatte (740-1870 m) keine Wünsche offen. Meist schon Ende November beginnt dort oben die Saison.

Die weitere Strecke von Seegatterl bis Ruhpolding durch das Naturschutzgebiet Chiemgauer Alpen mit dem Weit-, Mitter-, Löden- und Forchensee gehört zu den schönsten Teilstücken der Deutschen Alpenstraße. In dem Gebiet (bei Laubau) wurde übrigens am 24. 10. 1835 der letzte Bär in den Berchtesgadener Alpen geschossen.

Rechts oben:
Im Bereich Weitsee, Lödensee und Mittersee findet der Langläufer ungezählte Möglichkeiten.

Rechts unten:
Kunstwerke, die der Frost zaubert.

Linke Seite:
Der Weitsee mit der Gurwand.

Ruhpolding und Inzell

Die beiden Orte bilden, zusammen mit Reit im Winkl, das sogenannte Chiemgauer Feriendreieck. Ruhpolding wurde wahrscheinlich im 9. und 10. Jahrhundert von den Bajuwaren von Inzell her besiedelt. „Miesenbachertal" (von mittelhochdeutsch Mies = Sumpf, Moor) nannte man den Talkessel damals. Ein möglicher Grund für die Besiedlung war, dass die Menschen in dem unwegsamen Waldtal Schutz vor den eindringenden Ungarn suchten. Sie ließen sich nieder und betrieben Land- und Forstwirtschaft, die bis Ende des 19. Jahrhunderts die wichtigsten Erwerbszweige darstellten. Die erste urkundliche Erwähnung findet sich 924. Nach wiederholten Herrschaftswechseln kam das Gebiet 1275 zu Bayern. Ein herzogliches Amt wurde eingerichtet, schon 1424 wird die Taverne (heute „Hotel zur Post") erwähnt. 1467 ließ die Äbtissin von Frauenchiemsee zum Bau der dortigen Kirche Ruhpoldinger Marmor verwenden, der damals schon begehrt war. Das abgeschiedene Tal wurde bekannter, als ab 1529 die bayerischen Herzöge den Wildreichtum des Miesenbachtales erkannten und sich regelmäßig zur Jagd einfanden.

1619 wurde die Saline in Traunstein eröffnet. Holz- und Triftarbeit zur Versorgung der Sudpfannen mit Brennholz waren jahrhundertelang eine unverzichtbare Einkommensquelle der Miesenbacher Bauern. Im 16. und 17. Jahrhundert blühte zusätzlich der Bergbau am Rauschberg und Unternberg. Gefördert wurden Bleierz und Galmei. Aus der Zeit stammt das Schmelzwerk am Fuß des Rauschbergs, die heutige „Schmelz" zwischen Ruhpolding und Inzell. Sport wird großgeschrieben in Ruhpolding. Vor allem der Biathlonsport rückt Ruhpolding immer wieder ins Rampenlicht der Weltöffentlichkeit. Vier Weltmeisterschaften fanden bereits statt. Die Weltcuprennen, die jeweils im Januar veranstaltet werden, gehören zu den Highlights der Saison. Ruhpolding war eines der ersten Dörfer im Chiemgau, die sich für den Fremdenverkehr stark machten. Der von den Einheimischen zunächst nur zögerlich angenommene Nebenerwerb ist heute der bei weitem wichtigste Wirtschaftsfaktor. Sehenswert in Ruhpolding sind die Kirchen, von denen die St. Georgs-Kirche die größte und schönste ist. Unbedingt empfehlenswert ist die Fahrt mit der Seilbahn auf den nahen Rauschberg (1671 m).

Der Luftkurort und Wintersportplatz Inzell (700 m) liegt in einem weiten, an kleinen Gewässern reichen Tal. Die Berge ringsum erreichen Höhen bis knapp 1800 Meter. Besonders bekannt wurde der Ort durch sein Bundesleistungszentrum für den Eisschnelllauf-Sport. Parallel zur Entwicklung der Anlage stiegen die Übernachtungszahlen steil an. Bemerkenswert ist die Vorgeschichte des Bundesleistungszentrums: Auf Inzeller Gemeindegebiet liegt der Frillensee (923 m), einer der kältesten Seen Deutschlands. Schon früh gab es Überlegungen, den 280 Meter langen und 165 Meter breiten See für

Der Wegweiser oben zeigt einige der vielen Wanderziele. Sehenswert ist auch das Holzknechtmuseum in der Laubau, südlich von Ruhpolding, zu dem das große Wasserrad gehört.

Rechte Seite: Dorfbrunnen und Maibaum im Zentrum von Ruhpolding.

Rauschberg
Dr. Degener Reisen
Hapag-Lloyd
HOTEL
RUHP
Café
Restaurant
1997

eissportliche Aktivitäten in einem größeren Umfang zu nutzen, Bestrebungen, die aber regelmäßig an den harten Wintern mit viel Schnee scheiterten. Im Jahr 1959 wagte man einen neuen Versuch, den Frillensee als offizielles Trainings- und Wettkampfzentrum der Eisschnellläufer zu etablieren. Als am 8. November 1959 eine Kommission des Deutschen Eissportverbandes den See in Augenschein nahm, herrschte auf dem See mit blankem, 20 Zentimeter dickem Eis unter strahlend blauem Himmel bereits reger Schlittschuhbetrieb. Die internen Beratungen bei einer Brotzeit im nahen Wirtshaus Adlgaß ergaben: Antrag stattgegeben, unter der Voraussetzung allerdings, dass die Gemeinde den Weg zum See schneefrei zu halten und die Eispflege zu übernehmen habe.

Inzell - Einsiedel

Was das bedeutete, war in der ersten Euphorie noch niemand klar. Das Gebiet ist schneereich und der Weg zum See dauert zu Fuß etwa eine Stunde! Dennoch: das Unternehmen Frillensee war ins Leben gerufen und wurde, allen Schwierigkeiten zum Trotz, vier Jahre lang aufrechterhalten.

Schon im Januar 1960 wurden vor mehreren tausend Zuschauern die bayerischen und deutschen Meisterschaften im Eisschnelllauf ausgetragen. Im selben Jahr wurde mit 204,5 Metern der Weltrekord im Eisstock-Weitschießen erzielt. Im Januar 1962 fielen in der Nacht vor der deutschen Meisterschaft 93 cm Neuschnee. Dank des unermüdlichen Einsatzes vieler freiwilliger Helfer die ganze Nacht hindurch konnte das Rennen dennoch stattfinden. Die zu oft herrschenden widrigen Umstände führten nach der deutschen Meisterschaft 1963 schließlich zur Aufgabe des Projekts Frillensee und zur Verlagerung der Aktivitäten auf Natureis am Gelände des heutigen Bundesleistungszentrums.

1965 feierte die erste Kunsteisschnelllaufbahn Deutschlands Premiere. Das mehrfach sanierte Stadion mit modernster Kältetechnik und Platz für 20000 Zuschauer bewährte sich mittlerweile bei neun Weltmeisterschaften, mehreren Europameisterschaften und dutzenden von nationalen und internationalen Großveranstaltungen. Die 400 Meter lange Bahn um eine 30 x 60 Meter große Eisfläche im Zentrum ist in zwei Wettkampfbahnen und eine Trainingsbahn von je vier Metern Breite unterteilt. Hinsichtlich Technik, Funktionalität und Komfort genügen das Stadion wie auch die zusätzlichen Trainings- und Serviceeinrichtungen für die Athleten höchsten Ansprüchen. Seit 1966 wurden hier 83 Weltrekorde allein im Eisschnelllauf erzielt.

Nach Inzell führt durch die Weißbachschlucht eine eindrucksvolle Teilstrecke der Deutschen Alpenstraße ins Saalachtal. Gleich hinter Zwing können im Naturdenkmal „Gletschergarten" in der Würmeiszeit vom Saalachgletscher glattgeschliffene Felsen besichtigt werden. Es ist nicht mehr weit zum südöstlichsten Winkel Bayerns und der großartigen Hochgebirgswelt der Berchtesgadener Alpen. Die Weißbachschlucht ist das Nadelöhr des Zugangs dorthin von Nordwesten her.

Ruhpolding ist eines der beliebtesten Urlaubsziele im Chiemgau.

Inzell mit dem Kienberg und dem Rauschberg.

Rechte Seite:
Die Stadt Traunstein
mit Hochfelln und Hochgern.

Traunstein

Östlich vom Chiemsee und dem „Chiemgauer Feriendreieck" nördlich vorgelagert liegt die Große Kreisstadt Traunstein. Über die Entstehung des Namens geht die Sage, dass in alten Zeiten ein Fuhrmann mit schwerer Fracht durch eine Furt der Traun wollte. Als der Wagen in der Mitte des Flusses nicht vor- und zurückging, fing der Mann, als man in Haslach gerade zum Gebet läutete, zu fluchen an: „Ich wollte, dass doch alles gleich zu Stein werde!" – und sogleich waren Ross und Mann und Wagen in einen großen Stein verwandelt, dessen Überreste noch heute als Traunstein an jener Stelle zu sehen sind. Der markante Felsblock unweit der Traun an der östlichen Ortseinfahrt beflügelte die Phantasie der Menschen immer schon. Tatsächlich weisen der Flussname „Traun" zusammen mit dem für Burgen und feste Plätze stehenden „Stein" weder auf einen versteinerten Fuhrmann, noch auf ein sonstiges Ereignis hin, sondern lediglich auf eine Burg oder Siedlung an der Traun.

Zwar finden sich in Güterverzeichnissen der Salzburger Kirche von 790 Hinweise auf Besitzungen in der Nähe von Traunstein, über die Frühgeschichte der Siedlung ist jedoch wenig bekannt. Die erste ausdrückliche Erwähnung findet der Ort als „Trauwenstain" 1245. Ab 1275 fällt der bis dahin dem Erzbistum Salzburg zugehörige Chiemgau und somit auch Traunstein an die seit 1180 in Bayern regierenden Wittelsbacher.

Die Lage nahe der Grenze zum Erzstift Salzburg auf einer Anhöhe über der Traun am Flussübergang der wichtigen Salzhandelsroute von Reichenhall nach München machte die Siedlung für die neuen Machthaber

Eine der Einkaufsstraßen Traunsteins ist die Bahnhofstraße, die geradewegs ins Stadtzentrum führt.

KREILLER
Volkskunst & Keramik
SCHLECKER
SCHLECKER

In Weißbach an der Alpenstraße wird ein Maibaum aufgestellt.

höchst interessant. Sie wurde ausgebaut und mit einer Wehranlage versehen. Die Bedeutung des Ortes wuchs, als 1617 von Reichenhall eine Soleleitung hierher verlegt wurde, bis 1910 stand die Saline Traunstein in Betrieb.
Salz, das „weiße Gold", war für den Ort, dem 1375 das Stadtrecht bestätigt wurde, bis ins Mittelalter der mit Abstand bedeutendste Wirtschaftsfaktor. Von den Gräueltaten des 30-jährigen Krieges blieb Traunstein weitgehend verschont, nicht aber von der Pest, die 1635/36 wütete. 1704 zündeten ungarische Panduren die Stadt an, 1851 legt ein noch verheerenderer Brand fast die ganze Stadt in Schutt und Asche. Enormer Fleiß der Bürger ermöglicht den Wiederaufbau innerhalb weniger Jahre trotz einer Choleraepidemie.

Etwa 18000 Menschen leben heute in Traunstein, das 14000 Arbeitsplätze, vornehmlich in den Bereichen mittelständisches Handwerk und Gewerbe, Schule und Verwaltung sowie moderne Dienstleistungen anbietet – als historisch gewachsenes Zentrum des Chiemgaus.

Der Thumsee zwischen Inzell und Bad Reichenhall.

Linke Seite:
Der Stadtplatz in Traunstein mit dem alten Lindlbrunnen und dem wiedererbauten Jaklturm, der früher auch als Salzburger Tor bezeichnet wurde.

Rechte Seite:
Bad Reichenhall, eine kleine Stadt, doch ein großes Heilbad, eingerahmt von majestätischen Bergen und durchflossen von der Saalach.

Nächste Doppelseite:
Bad Reichenhall mit Predigtstuhl, Reiteralpe und dem Müllnerhorn.

11. Berchtesgadener Land - Salzburg

Berchtesgadener Land – dazu gehört zunächst das Gebiet der einstigen Fürstpropstei rings um den Markt Berchtesgaden mit den bekannten Gemeinden Ramsau, Schönau am Königssee, Bischofswiesen und Marktschellenberg. Ferner zählen dazu der Nationalpark Berchtesgaden mit Watzmann und Königssee, der Obersalzberg, aber auch die Kurstadt Bad Reichenhall – alles Ziele in einer großartigen Gebirgslandschaft. Die Nähe zur Mozartstadt Salzburg macht einen Besuch beinahe verpflichtend.

Bad Reichenhall

Eine knappe halbe Autostunde von Berchtesgaden entfernt liegt in einem weiten, windgeschützten Talkessel, durchflossen von der Saalach und umgeben von Staufen, Zwiesel, Müllnerhorn, Lattengebirge und Untersberg das bayerische Staatsbad. Nach Nordosten öffnet sich das Talbecken zum Alpenvorland hin. Funde lassen auf eine Besiedlung des Talkessels schon zur Stein- und Bronzezeit (vor 4000 Jahren) schließen. Die Geschichte Reichenhalls ist die Geschichte seines Salzwesens (reich-an-hall = keltisch: reich an Salz). Als die Römer nach ihrem Zug über die Alpen dorthin kamen, fanden sie bereits beachtliche Siedeanlagen vor, die sie weiter ausbauten und darüber hinaus Salzstraßen errichteten, über die ein reger Handel mit dem damals kostbaren „weißen Gold“ geführt wurde. Im Mittelalter wurde der Ort zuerst von den Salzburger Erzbischöfen, später den bayerischen Herzögen beherrscht.
Die Geschichte der Stadt ist geprägt durch Brandkatastrophen und Saalachhochwasser. 1196 wurde sie erstmals anlässlich einer Strafaktion des Salzburger Erzbischofs niedergebrannt.
Weitere Großfeuer, denen jeweils fast die ganze Stadt zum Opfer fiel, entstanden durch Unachtsamkeit oder gingen von den (Sole-)Siedeanlagen der Saline aus. Verheerende Hochwasser der Saalach zerstörten immer wieder die oberhalb der Luitpoldbrücke („Salzburger Wehr“) gelegenen Triftanlagen, von wo das von weither getriftete Salinenbrennholz über ein aufwändiges Kanalsystem (von dem heute nichts mehr übriggeblieben ist) zu den Holzlagerplätzen in der Stadt geleitet wurde. Der Übel nicht genug, forderte auch die Pest im 16. und 17. Jahrhundert ihre Opfer.

Nach der letzten Brandkatastrophe von 1834 etablierte sich der Ort als Kurort. Seine heutige Bedeutung verdankt Reichenhall, das sich seit 1890 Bad und seit 1899 Staatsbad nennen darf, den Solequellen des Lattengebirges. Unter dem Gruttenstein, im sogenannten Quellenbau, entspringen dicht beieinander 22 natürliche Solequellen mit bis zu 24% Salzgehalt. Vor allem diesen verdankt die Stadt mit ihren 18 500 Einwohnern ihren Weltruf als Spezialbad für Erkrankungen der Atmungsorgane (besonders Asthma und chronische Bronchitis) sowie des rheumatischen Formenkreises. Neben der Reichenhaller Quellsole kommen Öle und Extrakte der in den umliegenden

Der Kurpark von Bad Reichenhall.

Rathaus

Kurpark

Berchtesgaden:
Die Stiftskirche, der Schlossbrunnen und die Fußgängerzone.

Bergen wachsenden Latschenkiefer zur Anwendung. Eine Vielzahl von Kurmittelhäusern und Sanatorien steht für Anwendungen bereit.

Sehenswert ist die alte Saline, wo im Quellenbau unter dem Hauptbrunnhaus die Solequellen sprudeln (Führung und Salzmuseum), das Gradierwerk mit Solebrunnen im Kurgarten, die Altstadt um den Florianiplatz, der Rathausplatz und die großzügige Fußgängerzone, das Heimatmuseum und einige Kirchen, besonders das Münster St. Zeno und die Pfarrkirche St. Nikolaus. Im 1988 erbauten Kurgastzentrum findet der Gast neben der Staatlichen Kurverwaltung u. a. ein Spielkasino und einen Theatersaal.
Auf jeden Fall einen Besuch wert ist die Predigtstuhlbahn, die 1927/28 als eine der ersten Seilbahnen Deutschlands überhaupt gebaut wurde. Sechs Millionen Gäste beförderte sie seitdem in 8½ Minuten zur 1583 Meter hoch gelegenen Bergstation mit dem angebauten Hotel im Stil der 30er Jahre. Ungemein eindrucksvoll ist der Blick von dort oben: Auf der einen Seite tief unten liegt der Reichenhaller Talkessel, den der Hochstaufen und Zwiesel gegen das Alpenvorland hin abgrenzen, im Süden ragen die gewaltigen Felsmassive der Berchtesgadener Alpen auf. In der näheren Umgebung von Bad Reichenhall sind 150 Kilometer gut markierte Wanderwege angelegt, der Thumsee bietet eine der schönsten natürlichen Bademöglichkeiten weit und breit. Sehenswert ist der Seerosenteich („Seemösl") am östlichen Seeende.

Berchtesgaden

Vor der einmaligen Kulisse der Berchtesgadener Alpen mit dem Watzmann liegt in einer Höhenlage zwischen 540-600 Meter der Markt Berchtesgaden. In der 900-jährigen Geschichte des Berchtesgadener Landes hat der Ort seine Tradition als Mittelpunkt bewahrt und das schöne Ortsbild weitgehend erhalten. Das autofreie Zentrum wartet mit schmucken alten Häusern, Straßen und Plätzen ebenso wie großzügigen Bürgerhäusern und prunkvollen Kirchen auf. Der Ort an der Ache mit seinen 8500 Einwohnern und dem nach wie vor ergiebigen Salzstock ist nicht nur Touristenmagnet, sondern auch heilklimatischer Kurort.

Die ringsum liegenden Flusstäler von Saalach und Salzach waren schon lange besiedelt, als sich am Anfang des 12. Jahrhunderts vier Augustinerchorherren aus dem Kloster Rottenbuch im Ammergau aufmachten, um im Auftrag des Grafen Berengar von Sulzbach (bei Amberg) in dem unerschlossenen Gebirgstal dort ein Kloster zu gründen. Nach beträchtlichen Anfangsschwierigkeiten entstanden schließlich ein Klostergebäude und eine Kirche, die 1122 geweiht wurde. Die Urzelle Berchtesgadens war geschaffen. Die Mönche riefen Siedler ins Land, denen Grund und Boden als „Lehen" (= geliehen) gegen Abgabe eines erheblichen Teils der erwirtschafteten Erträge zur Verfügung gestellt wurde. Nach der Gründung dauerte es nur weniger als zwei Jahrhunderte, bis sich das winzige Klosterland zu einem eigenständigen Kirchenstaat („Fürstpropstei Berchtesgaden") entwickelt hatte, dessen Landesherr (der „Propst") alle denkbaren Befugnisse, die sonst nur dem Kaiser zukamen (Forst-, Jagd-, Bergrecht etc. einschließlich der vollständigen Blutgerichtsbarkeit) innehatte.

Im Gegensatz zu den meistens aus adeligen Familien stammenden Kapitularen, die das spartanische Klosterleben bald aufgaben, darbte die bäuerliche Bevölkerung über Jahrhunderte. Spärliche Erträge aus Ackerbau und Viehzucht bildeten zunächst die Existenzgrundlage, bis sich aus der Salzproduktion zusätzliche Erwerbsmöglichkeiten ergaben. Ab dem 15. Jahrhundert schließlich lebten große Teile der Bevölkerung mehr schlecht als recht von Einkommen aus der Fertigung von „Berchtesgadener War", deren in Heimarbeit hergestellte Artikel – Holzspielsachen, Krippenfiguren, bemalte Spanholzschachteln etc. – in ganz Europa Abnehmer fanden. Die 700-jährige Geschichte des Klosterstaates ist geprägt einerseits durch das dauernde Gerangel seiner großen Nachbarn Salzburg und Bayern um das Berchtesgadener Salz, andererseits durch die andauernde Armut und Isoliertheit seiner Einwohner.

Der Zusammenbruch des tausendjährigen „Heiligen Römischen Reiches Deutscher Nation" bedeutete für Berchtesgaden 1803 die Aufhebung seiner Eigenstaatlichkeit. Viermal musste Berchtesgaden in den nächsten sieben Jahren die Herrschaft wechseln, bis es 1810 endgültig zu Bayern kam. Zu Beginn des 19. Jahrhunderts erlebte Berchtesgaden einen Wandel wie nie zuvor in seiner jahrhundertelangen Geschichte. Das Ende des Klosterstaates durch die Säkularisation 1803 schuf die Voraussetzungen zu einer längst überfälligen Entwicklung in dem bis dahin beinahe völlig isolierten Land: der Öffnung nach außen. (Bergsteigende) Naturwissenschaftler, Maler und Schriftsteller waren die ersten, die von Salzburg her den bis dahin weitgehend unbekannten Talkessel unter dem Watzmann aufsuchten. Ihre Berichte und Bilder von wunderbaren Landschaften machten Berchtesgaden in kurzer Zeit weithin bekannt.

Bald ging es steil bergauf mit den Gästezahlen und immer mehr Einheimische fanden im Tourismussektor Arbeit.

Ein dunkles Kapitel der deutschen Vergangenheit ist mit dem nordöstlich von Berchtesgaden gelegenen Obersalzberg verbunden. Nachdem Adolf Hitler den Reiz des vormaligen Luftkurortes entdeckt hatte, entstand ab 1933 dort eine Macht- und Schaltzentrale des Dritten Reiches, das am 25. April 1945 von Bomben der Alliierten zerstört wurde.

Nach dem Krieg stiegen die Gästezahlen in Berchtesgaden bald wieder an. Heute leben die meisten Berchtesgadener direkt oder indirekt vom Tourismus.

Oft wurden die landschaftlichen Sehenswürdigkeiten des Landes überschwänglich gelobt. „Festspiele der Natur" lautet der neue Slogan der Fremdenverkehrswerbung in Berchtesgaden. Man könnte wirklich keinen besseren finden! Es ist, als ob die Natur noch einmal so richtig ins Füllhorn gegriffen hätte

Das winterliche Berchtesgaden mit dem Untersberg.

in diesem von Hochgebirge umgebenen südöstlichsten Winkel Bayerns. Gewaltige Gebirgsstöcke mit zackigen Graten neben gemäßigten Plateaubergen, steile Wände aus Plattenkalk, schroff und haltlos, neben schrofig-grünen Gebirgsflanken, die höchste Wand der Ostalpen (Watzmann-Ostwand), der nördlichste Alpengletscher (Blaueis am

Hochkalter), reizvolle Täler, grün wie das von Maria Gern, oder von Schuttströmen ausgefüllt wie das zwischen gewaltige Wände eingebettete Wimbachtal, dazwischen Gewässer mit ganz unterschiedlichem Charakter: muntere Achen, der fjordartige Königssee, der dunkle Obersee, der romantische Hintersee sowie einige über 1500 Meter hoch gelegene eiskalte Gebirgsseen. Den Besucher erwartet mit der Schellenberger Eishöhle im Untersberg die größte Eishöhle Deutschlands, die Jennerbahn (1874 m) ermöglicht mühelose Einblicke in die gewaltigen Felswüsten des Hagengebirges und Steinernen Meeres, ins Salzbergwerk fährt man rittlings auf der Grubenbahn ein zu den unermesslichen Salzstöcken des Haselgebirges. Die Rossfeld-Höhenringstraße bietet auf der Scheitelstrecke herrliche Panoramablicke bis weit ins Salzkammergut und über den Berchtesgadener Talkessel, auf den Kehlstein bringen Busse die Gäste zum ehemaligen Teehaus Hitlers, das heute ein komfortables Bergrestaurant ist.

Kurgarten Berchtesgaden mit Watzmann.

Historische Kirchen und Museen erwarten die Besucher.

Neben Berchtesgaden gibt es noch vier weitere Gemeinden im Talkessel unter dem Watzmann: Schönau am Königssee, Ramsau, Bischofswiesen und Marktschellenberg.

Das sonst selten gewordene Edelweiß kommt im Berchtesgadener Land noch häufig vor.

Berchtesgadener Alpen

Berchtesgadener Alpen: So wird die zu den Nördlichen Kalkalpen zählende Hochgebirgsregion genannt, die weit über das eigentliche Berchtesgadener Land und die Landesgrenze hinaus noch ein gutes Stück ins Salzburger Land hineinreicht. Zu den „Berchtesgadenern", wie sie unter Bergsteigern genannt werden, gehören jene neun Gebirgsstöcke, die im Westen von der Saalach, im Osten von der Salzach begrenzt werden und die im Norden fast bis zur Stadt Salzburg heranreichen. Die südliche Begrenzung bildet in etwa die Linie Saalfelden (nahe dem Zeller See) - Dienten - Mühlbach am Hochkönig. Die Hauptgebirgsstöcke bilden das Watzmannmassiv im Zentrum, welches kranzförmig umgeben ist von Lattengebirge, Untersberg, Göllstock, Hagengebirge mit Steinernem Meer, Hochkönigstock, Hochkaltergebirge und Reiteralpe (Reiteralm). Insgesamt nimmt die Höhe der Berge von Süden nach Norden hin ab. Den höchsten Punkt bildet auf österreichischem Gebiet der von einem Plateaugletscher („Übergossene Alm") bedeckte Hochkönig (2941 m), das Lattengebirge nahe Bad Reichenhall erreicht nur mehr 1700 Meter. Der höchste Gipfel auf ausschließlich deutschem Gebiet ist die Mittelspitze des Watzmanns mit 2713 Metern.

Der größte Teil der Berge gehört einem Nationalpark an, der 1978 von der Bayerischen Staatsregierung gegründet wurde. Der „Alpenpark Berchtesgaden" (Vorfeld des Nationalparks) entspricht ziemlich genau dem Staatsgebiet der ehemaligen Fürstpropstei Berchtesgaden und hat mit 46000 ha eine für Mitteleuropa durchaus respektable Größe. Der eigentliche Nationalpark ging aus dem ehemaligen Naturschutzgebiet Königssee hervor und umfasst 21 000 ha. Zur Kernzone gehören die Reiteralpe, das Hochkaltergebirge, der Watzmann- und Göllstock, das Hagengebirge und das Steinerne Meer einschließlich der dazwischenliegenden Täler des Klausbachs, Wimbachs und des Königssees. Hier hat der Naturschutz absoluten Vorrang. Die Natur bleibt ohne Eingriffe sich selbst überlassen, sämtliche Tiere und Pflanzen sind geschützt.

Rechte Seite: Blick vom Lercheck auf Berchtesgaden mit Watzmann und Hochkalter.

Der Watzmann

Der berühmteste Berg der Berchtesgadener Alpen ist zweifellos der Watzmann.
„Einst herrschte im Berchtesgadener Land ein König gewalttätig über sein Volk. Er verachtete das Gute, liebte nur die Jagd, und seine Untertanen zitterten, wenn sie den Lärm der Hörner, das Gebell der Hunde und das Stampfen der Rosse hörten. Bei Tag und Nacht brauste die wilde Jagd durch die Wälder und Klüfte, verfolgte das Wild und vernichtete die Saat. Eines Tages erschien der König auf einer Waldlichtung, wo eine Herde weidete. Vor einer Hütte saß die Hirtin, ihr schlafendes Kind im Arm. Neben ihr lag der Wachhund. Da warfen sich des Königs Rüden auf den Hirtenhund und rissen gleichzeitig die schreckensstarre Frau zu Boden. Als der herbeigeeilte Hirte auf die jaulende Meute einschlug, hetzte der König wutentbrannt seine Knechte und Hunde auf den Hirten, der wie sein Weib und sein Kind von der Meute zerrissen wurde. Da erhob sich ein dumpfes Grollen und ein fürchterliches Gewitter ging nieder. Seitdem stehen der König und seine Familie zu kaltem Fels erstarrt hoch über dem Land, das sie vormals so grausam regierten."
So lautet die bekannte Sage zur Entstehung des höchsten Berges um Berchtesgaden.

Vom Markt aus zeigt er sich in seiner markantesten Form mit seinen ungleich hohen Gipfeln, die rechts mit dem Hocheck (2653 m) – dem ersten Gipfel des in südwestlicher Richtung über die Mittelspitze (2713 m) zur Südspitze (2712 m) ziehenden Watzmanngrates – und links mit dem Kleinen Watzmann (2307 m, „Watzmannfrau") ein breites Kar („Watzmannkar") begrenzen. Im Kar fallen fünf Felszacken auf: die sogenannten Watzmannkinder. Der schmale Hauptkamm

Der Watzmann vom Steinernen Meer aus betrachtet.

Rechte Seite: Die Watzmann-Südspitze, wie man sie von der Hirschwiese aus sieht.

bricht nach rechts ins Wimbachtal, nach links ins Watzmannkar, jenseits der Mittelspitze in die berühmt-berüchtigte Watzmann-Ostwand ab. Von Berchtesgaden aus betrachtet, geben die nach beiden Seiten gleichmäßig abfallenden Flanken dem Watzmann seine charakteristische Form. Der Watzmannstock bietet eine Fülle von Tourenmöglichkeiten bis zum extremen Klettern. Als Stützpunkte stehen drei bewirtschaftete Schutzhütten zur Verfügung: Hauptstützpunkt ist das Watzmannhaus (1928 m) der Alpenvereinssektion München am Nordosthang des Hochecks. Dem Kleinen Watzmann nordöstlich vorgelagert steht die Kührointhütte (1420 m), ein beliebtes Ziel für Tagesausflüge. An den Südwestfuß der Südspitze schmiegt sich noch die Wimbachgrieshütte (1327 m). Eine Besteigung des Watzmann-Hochecks als Zwei-Tagestour mit Übernachtung im Watzmannhaus stellt für trittsichere Bergsteiger kein großes Problem dar (Gesamtgehzeit 6-7 Std.). Die Gratüberschreitung zur Südspitze sollten nur wirklich Geübte in Angriff nehmen!
Eine prächtige Aussicht auf den schroffen Watzmann auf der einen Seite und den Berchtesgadener Talkessel auf der anderen bietet der dem Berg wie eine Aussichtskanzel vorgelagerte Grünstein (1304 m).

Oben:
Göll und Brett spiegeln sich im Hintersee.

Unten:
Blick vom Untersberg in den von Bergen eingerahmten Berchtesgadener Kessel.

Rechte Seite:
Eines der großen Ziele aller Bergsteiger ist die Überschreitung des 2713 m hohen Watzmanns. Auf dem Bild sieht man die Südspitze mit der berüchtigten Ostwand.

Königssee

Der Königssee ist eine der Hauptattraktionen des Berchtesgadener Landes, ja ganz Bayerns.
Gleich einem Fjord ist der an die acht Kilometer lange und bis zu eineinhalb Kilometer breite See zwischen die gewaltig aufsteigenden Felswände des Watzmanns, des Hagengebirges und des Steinernen Meeres eingebettet. Die Tiefe beträgt bis zu 189 Meter. Wegen dieser Tiefe und weil er hauptsächlich von unterirdischen Quellen gespeist wird, bleibt das Wasser auch im Sommer ziemlich kalt. Der See verdankt seine Entstehung Gletschern der Eiszeit, die die bereits vorher vorhandene Senke tief ausfrästen. Als das Eis zurückging, sammelte sich das Schmelzwasser in dem Tal. Im Gebiet der heutigen Saletalm kam der Rückzug des Gletschers vor etwa 10 000 Jahren vorübergehend zum Stillstand. Es bildete sich ein Damm aus Moränenschutt, der durch Bergstürze noch vergrößert wurde. Im Becken hinter dem Geröllwall bildete sich nach dem vollständigen Abschmelzen des Eises der Obersee.

Der klangvolle Name „Königssee" geht zurück auf einen Regenten zur Gründungszeit der Berchtesgadener Fürstpropstei: Chuno von Horburg. Nach ihm wurde der See zunächst als „Chuni-See" bezeichnet. Aus den Abwandlungen „Kuno-" bzw. „Kunigessee" wurde später Königssee. Bis zum Jahr 1909 waren grün-weiß gestrichene Flachboote die einzigen Beförderungsmittel. Heute werden die Besucher mit eigens für den Königssee gefertigten Elektromotorbooten transportiert. Die Boote verursachen keine Wasserverschmutzung, so dass dem See bis heute Trinkwasserqualität bescheinigt wer-

Das Wimbachtal

Rechte Seite:
Der Königssee mit St. Bartholomä und der Watzmann-Ostwand.

den kann. Die Fahrt ist ein Erlebnis. An der Echowand löste früher der Knall eines Böller- oder Pistolenschusses ein siebenfaches Echo aus. Heute bläst ein Mitglied der Schiffbesatzung eine Melodie auf dem Flügelhorn. Die Töne werden von den Steilwänden ein- bis zweimal zurückgeworfen. Immer näher kommen die schindelbedeckten, roten Zwiebeltürmchen der Kirche von St. Bartholomä, die zweifellos zu den bekanntesten Sehenswürdigkeiten des Berchtesgadener Landes zählt. Schon 1134 stand auf der in den See ragenden Landzunge eine kleine, nach einer alten Urkunde als „Basilica Chunigesse" bezeichnete Kapelle. Neben der Stiftskirche war diese die älteste Kirche des Berchtesgadener Landes. Im Hintergrund baut sich die beinahe 2000 Meter hohe Watzmann-Ostwand auf, eine Verlockung für jeden Kletterer. Seit der Erstbegehung am 6. Juni 1881 forderte die Wand an die 100 Menschenleben.

Nahe der Kirche mit dem Jagdschloss, das seit 1919 als Gaststätte dient, stehen neben der Schiffshütte am See dort nur noch ein Fischer- und ein Forsthaus. Obwohl die Halbinsel von St. Bartholomä zu den meistbesuchten Ausflugszielen in Bayern zählt (ca. 1 Million Besucher im Jahr), hat sie doch vieles von ihrer Ursprünglichkeit bewahrt. Hotels oder andere Übernachtungsgelegenheiten gibt es in Bartholomä nicht. Sogar der Großteil der dort Beschäftigten fährt nach getaner Arbeit über den See nach Hause. Einen Landzugang nach Bartholomä außer über mehrstündige Steige über die Berge gibt es nicht. Zu steil sind die Ufer des Sees.

Von Salet, der Endstation der Königsseeschifffahrt, erreicht man in 10 Minuten den viel kleineren Obersee. 1200 Meter lang und 500 Meter breit liegt er 11 Meter höher als der Königssee. Ein schmaler Wasserlauf verbindet die beiden Seen.

Blick auf Berchtesgaden mit dem Watzmann.

Rechte Seite: Die schmucke Barockkirche Maria Gern mit dem sagenumwobenen Untersberg.

Nächste Doppelseite: König Watzmann beherrscht das Berchtesgadener Land.

Übernächste Doppelseite: Herbst in der Ramsau, wo die Deutsche Alpenstraße einen besonders schönen Abschnitt durchläuft.

Salzburg: Alter Markt.

Mirabellgarten

Rechte Seite: Salzburg mit seiner Festung ist von der UNESCO zum Weltkulturerbe erklärt worden.

Nächste Doppelseite: Der Böcklweiher im Berchtesgadener Land mit Hohem Göll und Hohem Brett.

Salzburg

Auch wenn das Bayernland (und auch die Deutsche Alpenstraße) am Grenzübergang Hangendenstein bei Marktschellenberg endet, wäre es unverzeihlich, wenn man der nahen Mozart- und Festspielstadt Salzburg nicht einen Besuch abstatten würde.

Hoch überragt die Feste Hohensalzburg die von der Salzach durchflossene, in ein weites Rund von Bergen und Hügeln eingebettete Stadt. Salzburg hat eine bewegte Geschichte hinter sich. Kulturgeschichtliche Funde gibt es schon aus der Steinzeit. Die Illyrer schürften im Land nach Kupfer und begannen mit dem Salzbergbau. In der keltischen Hallstattzeit begann der für den Reichtum des Landes bedeutende Salzhandel. Während der Römerzeit war Salzburg Hauptstadt eines Verwaltungsbezirks der Provinz Noricum, wovon noch Überreste zeugen. Nach dem Abzug der Römer kamen im 6. Jahrhundert slawische und germanische Volksstämme ins Land. Im frühen Mittelalter bauten die Bayernherzöge Festungen in der Salzburger Region. Die Gründung des Klosters St. Peter im 7. Jahrhundert durch den hl. Rupert bedeutete den Ursprung des selbstständigen Bistums, das Stadt und Land Salzburg ab 739 bis zur Säkularisation 1803 regieren sollte. 1805 kam das Land zu Österreich, 1809 durch Napoleon zu Bayern und 1816 durch den Wiener Kongress wieder zu Österreich. 1918 wurde es Bundesland der Republik Österreich. Heute ist Salzburg die Hauptstadt des gleichnamigen Bundeslandes und mit 144 000 Einwohnern die viertgrößte Stadt Österreichs.

Kuppeln und Türme, Bauten aus der Renaissance und aus dem Barock geben der Stadt ein festliches Aussehen und verleihen ihr ein unnachahmliches Flair. Mit 4000 kulturellen Veranstaltungen im Jahr gehört Salzburg zu den führenden Kulturschauplätzen weltweit. Aufgrund der außergewöhnlichen Schönheit der Altstadt, der Geschlossenheit des historischen Stadtbildes und der Harmonie von Architektur und Landschaft wurde die Salzburger Altstadt 1996 von der UNESCO zum Weltkulturerbe erklärt. Die Salzburger Festspiele sind Anziehungspunkt für Kulturbegeisterte aus aller Welt, meist sind sie Monate im voraus ausgebucht.

Die Vielzahl der Sehenswürdigkeiten Salzburgs kann hier nicht annäherungsweise dargestellt werden. Für einen Kurzbesuch bietet sich jedoch folgendes „Pflichtprogramm“ an: Als Ausgangspunkt für einen Stadtrundgang wählt man am besten das Neutor. Der Besucher sollte einen Blick auf die Pferdeschwemme (1695 erbaut) und das Festspielhaus (1607 Hofmarstall, Kleines Festspielhaus von 1924-26, Neugestaltung 1962/63, Großes Festspielhaus von 1956-60) werfen, dann aber unbedingt in die Getreidegasse einbiegen und hier das geschäftige Treiben auf engstem Raum innerhalb reizvoller alter Häuser genießen. Hier findet man auch Mozarts Geburtshaus (hier wurde das Genie Mozart am 27. 1. 1756 geboren, heute Museum). Wenn man gleich danach durch eines der für Salzburg typischen Durchhäuser mit reizvollen Innenhöfen, die Cafés und Geschäfte beherbergen, spaziert, kommt man bald zum Universitätsplatz mit der Kollegienkirche.
Über die Sigmund-Haffner-Gasse erreicht man die gotische Franziskanerkirche (stilgeschichtlich der interessanteste Kirchenbau Salzburgs, gegründet im 8. Jahrhundert, Pfarrkirche von 1139-1635) und über die Franziskanergasse das uralte Kloster St. Peter mit Stiftskirche und dem Peterskeller. Gleich neben der sehenswerten Peterskirche befindet sich der Eingang des romantischen und vielbesuchten Petersfriedhofes. Von hier gelangt man auf den Kapitel- und Domplatz und steht gleich darauf vor dem Dom, vor dessen prachtvoller Barockfassade während der Festspielzeit Hugo von Hofmannsthals „Jedermann“ aufgeführt wird. Wer will, kann in einem der bekannten traditionellen Salzburger Cafés einkehren, die ihren ganz

besonderen Reiz haben, im Café Glockenspiel, das man vom Dom aus über den Residenzplatz erreicht, oder im weltberühmten Tomaselli nordwestlich des Doms.

Unbedingt empfehlenswert ist auch ein Besuch (zu Fuß oder mit Standseilbahn) der 119 Meter über der Stadt gelegenen Festung Hohensalzburg. Baubeginn war 1077, umfangreiche Erweiterungen fanden 1495-1519 statt. Besonders sehenswert in der größten vollständig erhaltenen Festungsanlage Europas ist das mittelalterliche Fürstenzimmer und das Burgmuseum sowie der herrliche Blick auf die Altstadt – besonders auf Dom und Domplatz – und ins Umland.

Weitere Bücher der beiden Autoren:

Von W. Mittermeier möchten wir neben seinen vielen Büchern und Kalendern besonders *„Das große Buch der Berchtesgadener Berge“* und den Prachtband *„Chiemgau und Rupertiwinkel“* empfehlen.

Albert Hirschbichler veröffentlichte ein Standardwerk mit dem Titel: *„Berchtesgadener Land“*.

A 95
Isar
Wolfratshausen
Geretsried
Mangfall
Rosenheim
Bad Aibling
A 8
Bad Tölz
Miesbach
Penzberg
Wendel-
stein
1838
Schlier-
see
Tegern-
see
Benedikt-
beuern
Lenggries
Rottach-
Egern
Bayrisch Zell
A 93
Brauneck
1555
Walchen-
see
Achenpass
Landesgrenze
Deutsche
Alpenstraße
ÖSTERREICH
Achen-
see
Wörgl
A 12
2537
Östl. Karwendelspitze
Rattenberg
Karwendelgebirge
K